Do que estamos falando quando falamos de ESTUPRO

Sohaila Abdulali

TRADUÇÃO Luis Reyes Gil

VESTÍGIO

Copyright © 2018 Sohaila Abdulali
Publicado originalmente em 2018 por Myriad Editions - www.myriadeditions.com
Copyright da tradução © 2019 Editora Vestígio

Título original: What We Talk About When We Talk About Rape

Todos os direitos reservados pela Editora Vestígio. Nenhuma parte desta publicação poderá ser reproduzida, seja por meios mecânicos, eletrônicos, seja via cópia xerográfica, sem a autorização prévia da Editora.

EDITOR RESPONSÁVEL	PREPARAÇÃO E REVISÃO	ADAPTAÇÃO DE CAPA
Arnaud Vin	Cecília Martins	Diogo Droschi
	Mariana Faria	
EDITOR ASSISTENTE	Pedro Pinheiro	DIAGRAMAÇÃO
Eduardo Soares	Sonia Junqueira	Guilherme Fagundes
ASSISTENTE EDITORIAL	CAPA	
Pedro Pinheiro	Anna Morrison	

Dados Internacionais de Catalogação na Publicação (CIP)
Câmara Brasileira do Livro, SP, Brasil

Abdulali, Sohaila
   Do que estamos falando quando falamos de estupro / Sohaila Abdulali ; tradução Luis Reyes Gil. -- 1. ed. -- São Paulo : Vestígio, 2019.

   Título original: What We Talk About When We Talk About Rape.
   ISBN 978-85-54126-34-6

   1. Crimes sexuais 2. Estupro 3. Mulheres vítimas de abuso sexual - Narrativas pessoais 4. Vítimas de abuso sexual 5. Vítimas de estupro I. Gil, Luis Reyes. II. Título.

19-25551   CDD-362.883082

Índices para catálogo sistemático:
1. Mulheres vítimas de estupro :
Narrativas pessoais : Problemas sociais 362.883082

Iolanda Rodrigues Biode - Bibliotecária - CRB-8/10014

A **VESTÍGIO** É UMA EDITORA DO **GRUPO AUTÊNTICA**

São Paulo
Av. Paulista, 2.073 . Conjunto Nacional
Horsa I . 23º andar . Conj. 2310-2312
Cerqueira César . 01311-940 São Paulo . SP
Tel.: (55 11) 3034 4468

Belo Horizonte
Rua Carlos Turner, 420
Silveira . 31140-520
Belo Horizonte . MG
Tel.: (55 31) 3465 4500

www.editoravestigio.com.br

Para Samara, Aidan e Rafe
Hora do chá para sempre

Sumário

Ressalva 11

Introdução 13

Quem sou eu para falar? 18

Cale a boca senão você morre, putinha maluca 29

Totalmente diferente, exatamente igual 44

Sim, não, talvez 59

Você esperava o quê? 70

Ah, por favor 80

Como salvar uma vida 84

O Guia Abdulali para salvar a vida de uma sobrevivente de estupro 97

A versão oficial 99

Seu amor está me matando 106

Breve pausa para o horror 118

Uma sacola de dentaduras 122

O Homem Teflon 132

As chaves do reino	143
Breve pausa para se enfurecer	149
Recomendado: uma conversa normal	152
A família inteira	168
Breve pausa para a confusão	174
Liberdade roubada, alegria roubada	177
Pesos de chumbo para se afogar	191
Breve pausa para o tédio	195
A qualidade da misericórdia	196
Seu estupro é pior do que o meu	204
Boas moças não...	211
Prevenção de estupro para iniciantes	226
Meninos...	228
Breve pausa para o terror	236
A catástrofe completa	239
Notas	244
Agradecimentos	251

Ressalva

Usei episódios da vida de muitas pessoas, incluindo a minha. Não inventei nada, mas tomei algumas liberdades em relação a nomes, lugares e semelhantes, em respeito à privacidade das pessoas. Em alguns casos, usei pseudônimos. Todas as citações deste livro são reais, mas, se afirmo que o tio de A disse tal coisa, pode ser que na verdade tenha sido o pai de B. É tudo verdade, mas nem tudo é necessariamente verdade na exata ordem em que eu digo que é.

Introdução

A luz era drenada do quarto, voltando pela mesma janela por onde havia entrado.

– Raymond Carver, *Iniciantes* (publicado originalmente como *Do que estamos falando quando falamos de amor*)

O ESTUPRO DRENA A LUZ. Como os incrivelmente pavorosos dementadores de J.K. Rowling, ele suga a alegria. E, além de drenar a luz da vida das vítimas, tende a drenar a luz de uma conversa sensata. As discussões sobre estupro são muitas vezes irracionais, quando não totalmente bizarras. É o único crime diante do qual as pessoas reagem querendo aprisionar as vítimas. É o único crime que é tão ruim que se supõe que as vítimas serão irreparavelmente destruídas por ele, mas ao mesmo tempo não tão ruim que os homens que o cometem devam ser tratados como outros criminosos.

Quero deixar que volte a entrar alguma luz. Estupro. A palavra é muito rude. Em hindi, *balatkaar*. Em finlandês, *raiskata*. Em indonésio, *memperkosa*. Em árabe, *aightisab*. Em esloveno, *posilstvo*. Em zulu, *ukudlwengula*. A palavra inglesa *rape* provavelmente vem do latim *rapere* – arrebatar, levar embora.* Nos últimos setecentos anos, significa "tomar à força". Na lei romana, raptar uma mulher, forçando-a ou não ao sexo, era chamado de *raptus*, isto é, "rapto". Isso em inglês soa de maneira horrível e enganosa como *rapture* ["arrebatamento", "êxtase"]. Por outro lado, o Oxford English Dictionary me informa secamente que vem da palavra *rapa*, que significa "nabo". Até sua definição é confusa.

Penso em exemplos aleatórios da minha própria vida – um amigo, numa praia da Nicarágua com uma amiga, curtindo a noite até que alguém o surrou até deixá-lo inconsciente e estuprou a mulher; ou uma amiga em outra praia, na Grécia, curtindo o dia até que um grupo de "guardas" a estuprou; outra mulher muito animada com a perspectiva de uma noite romântica com seu novo namorado até que ele a agarrou à força. Como fizemos para nos transformarmos numa espécie tão repleta de estupros? Quando foi que nos permitimos ficar assim? Às vezes acho que consideramos os maus hábitos à mesa uma quebra de protocolo mais grave do que forçar um objeto qualquer pelo orifício do corpo de outra pessoa.

Fico curiosa em saber que estante este livro irá ocupar nas livrarias. Ensaios? Não, acho que não. Sociologia? Não tem erudição nem tom acadêmico suficiente para isso. Psicologia? Não, contém muitas opiniões. Pesquisa? Não é abrangente o suficiente. Memórias? Espero que não. É fácil dizer o que este livro não é, porque ele não se encaixa bem em nenhum gênero. Mas é exatamente isso o que quero, porque nesse espaço está minha liberdade. Isso me permite fazer o que

---

* Em português, "estupro" vem do latim *stuprum*, que indicava a relação sexual ilícita ou um crime sexual, e podia se referir ao incesto, ao estupro (relação sexual com coação) e ao adultério. [N.T.]

quero, e foi o que fiz. Posso rodar o mundo e a internet, parando onde quiser, conversando com quem se interesse pela minha fantasia e tirando minhas próprias conclusões – ou não. Estou muito disposta a, sem nenhum pudor, tirar vantagem da minha experiência urbana como sobrevivente de estupro para generalizar e dar opiniões, mas falo apenas por mim e por ninguém mais.

Então sobre o que é este livro? É sobre as coisas das quais falamos, e também sobre o que *não* falamos. Não falamos o suficiente sobre fobias exacerbadas. Não falamos o suficiente sobre reconstruir confiança. Nem sobre alegria e raiva, e sobre como encaixar essas duas coisas em nossas vidas.

Entrei na faculdade logo após ter sido estuprada. Quando apareci no meu alojamento de caloura, ainda estava me recuperando de ferimentos físicos – um galo na cabeça e um tornozelo enfaixado. A faixa no tornozelo não tinha nada a ver com qualquer coisa que os estupradores tivessem feito. Alguns dias depois do estupro, eu estava na praia, tão feliz por estar viva que saltei correndo os degraus da frente da casa e torci o tornozelo. Na faculdade, entrei no movimento feminista animada como um marinheiro bêbado de licença no porto – aquele era o meu pessoal, aquele era o meu lugar! E ainda é. Quando você tem 17 anos, com um galo na cabeça depois de quase ter morrido e um pé enfaixado pelo êxtase de estar viva, os clichês pegam fácil. Eu participei de manifestações e gritei "Sim é sim! Não é não!". Mais tarde, dirigindo sessões de treinamento interno para policiais e médicos, expliquei longamente que estupro não tem nada a ver com sexo.

Agora percebo que, bem... às vezes um "sim" não quer dizer "sim", e às vezes estupro *tem, sim*, a ver com sexo.

Muita coisa mudou na maneira como falamos de estupro. Nos últimos anos, as pessoas na Índia avançaram muito ao tratar do assunto nas conversas diárias. Na minha casa, estupro é apenas mais um tópico. Já que podemos expor nossos filhos a conversas sobre genocídio, racismo, sobre depilar pelos pubianos e sobre o inevitável derretimento do planeta, por que deveríamos deixar de lado o abuso sexual?

Felizmente, a conversa global sobre esse assunto também se aprofunda: a campanha #MeToo [#EuTambém] lançou um impressionante holofote sobre o assédio sexual. E tudo está acontecendo justo na hora em que os Estados Unidos têm na presidência um firme defensor do abuso sexual.[1] Isso é particularmente perturbador pelo contraste com o último ocupante da Casa Branca, um homem digno, pró-feminismo, que acredita na evolução – da espécie, das ideias e das atitudes. É tudo muito interessante e muito desconcertante.

Devemos estar atentos para observar quem participa da conversa e quem não participa. A campanha #MeToo é global, mas o que é "global"? Não podemos esquecer que o homem que traz leite de búfala para a casa da minha família na área rural de Maharashtra ou a última esposa virgem do rei da Suazilândia talvez não estejam nas redes sociais. Não podemos esquecer que, se você é uma pessoa trans, suas chances de ser vítima de agressão sexual são de cinquenta por cento[2] – mas suas chances de encontrar compreensão e apoio, ou justiça, são bem menores.

Neste livro, vou me contradizer. O estupro é sempre uma catástrofe. O estupro nem sempre é uma catástrofe. O estupro é como qualquer outro crime. O estupro não é como qualquer outro crime. Tudo isso é verdade. Exceto em relação à crença fundadora de que o estupro é um *crime*, que tem um *criminoso* e uma *vítima*, não vou aceitar mais nada como ponto pacífico.

O estupro drena a luz. Quero que volte a entrar alguma luz. Não tenho respostas, mas espero iluminar pelo menos um pouco algumas questões e suposições que carregamos conosco. Precisamos falar sobre estupro, e precisamos examinar *de que maneira* estamos falando sobre estupro.

Quem sou eu para falar?

Ele morreu por atrevimento.

— Verlyn Klinkenborg, *A vida no campo*, sobre um mosquito incômodo

EM 1980, EU TINHA 17 anos e me mudara havia pouco tempo para os Estados Unidos com minha família. Acabara de terminar o colegial e, antes de ir para a faculdade, estava passando o verão na casa da família em Bombaim com meu pai e a minha avó, enquanto minha mãe e meu irmão estavam nos Estados Unidos. Uma noite, eu tinha saído com um amigo, fomos abordados por quatro homens armados, que nos obrigaram a subir uma montanha. Eles me estupraram, nos machucaram, ameaçaram castrar meu amigo, quase mataram nós dois, mas mudaram de ideia depois que fizemos várias promessas e nos soltaram horas mais tarde.

Essa é uma descrição concisa de uma noite longa e pavorosa, mas realmente aborda tudo o que é essencial. O que aconteceu depois é bem mais interessante.

Alguns dias depois, o jornal local relatou mais uma surpreendente história de sequestro. Um casal – eram casados

– voltava para casa em sua lambreta. Alguns homens pararam os dois na estrada e levaram a mulher. O marido foi para casa sem contar a ninguém. Na manhã seguinte, ela voltou para casa, foi até a cozinha, despejou querosene em si mesma, acendeu um fósforo e se consumiu em chamas. Segundo o artigo, o marido não interveio.

Meu pai e eu lemos o artigo. Acho que foi nesse momento que percebi que devemos ser uma família muito estranha, porque simplesmente não conseguimos entender aquilo. Por que o homem não deu queixa do sequestro? Por que a mulher se matou? Por que o suicídio fez dela a heroína dessa história? Será que vivemos na mesma sociedade?

Acho que não devo ter esse Gene da Vergonha com o qual outras mulheres indianas nascem, porque, apesar de toda a culpa, o horror, o trauma e a confusão que se seguiram ao meu estupro, nunca me passou pela cabeça que eu tivesse que me envergonhar de alguma coisa. Por sorte, isso tampouco passou pela cabeça dos meus pais.

Três anos mais tarde, de volta aos Estados Unidos, ganhei uma bolsa para fazer minha tese de graduação sobre estupro na Índia, e fui para lá feliz da vida, achando que encontraria em cada esquina vítimas de estupro que me contariam tudo a respeito. Não foi nada disso que aconteceu. Encontrei, sim, um grupo de mulheres, entre elas as fabulosas Sonal Shukla e Flavia Agnes, duas pioneiras do movimento feminista da década de 1980 na Índia, que me levaram até Déli para o primeiro encontro nacional de mulheres indianas reconhecidamente feminista. Isso surpreendeu minha cabeça destreinada, e voltei para Bombaim numa agitação perigosa.

Não sei o que me impressionou mais – se todas as pessoas que diziam que o estupro não existe entre "pessoas como nós", das classes mais altas, ou um velho sacana que soube o que eu estava estudando e achou que isso o autorizava a me apalpar, ou apenas a crescente sensação de que não era possível que eu fosse a única. Ou era? Seria possível? Minhas novas amigas feministas avivaram minha indignação e me incentivaram a escrever minha história. Fiz isso. Depois fui até a agência postal com o rapaz que estivera comigo durante o estupro e mandei a história para uma revista de Déli, com uma foto.

Não havia internet naquela época, então, como seria de esperar, achei que se a *Manushi*, a revista feminina que eu havia escolhido – a única publicação do gênero na Índia, naquele tempo – chegasse a publicar a história, ela apareceria e desapareceria rapidinho. Mal sabia eu.

De fato, meu texto foi publicado e causou um pequeno rebuliço na Índia. Ninguém nunca viera a público para contar que havia sido estuprada. E, então, a edição seguinte foi publicada normalmente, a vida seguiu, e se passaram trinta anos. Nunca cheguei a deixar o assunto totalmente de lado enquanto levava a vida, escrevendo livros, arrumando empregos estranhos, viajando, virando mãe.

Mesmo quando a violência sexual deixou de ser uma coisa tão pessoal, era um desafio intelectual lidar com ela. Escrevi minha tese de graduação sobre estupro. Fiz minha tese de mestrado sobre estupro. Como primeiro emprego ao sair da faculdade, fui contratada por um grupo de 35 animadas voluntárias para dirigir um Centro de Emergência ao Estupro em Cambridge, Massachusetts. Orientei sobreviventes, levantei fundos, treinei médicos, policiais e professores, e aprendi um monte de lições muito úteis. Mais tarde, depois de vários empregos, mudanças e relacionamentos, voltava com frequência à violência de gênero, cada vez mais por fascínio e paixão do que pela maneira como aquilo havia me afetado pessoalmente. Fiz muito esforço para me separar do passado – não porque estivesse envergonhada, mas porque outras coisas entraram em cena e eu não queria ficar presa a uma coisa só. Tudo funcionou bem; a vida era boa e cheia de amor.

Então, no dia 16 de dezembro de 2012, Jyoti Singh, uma jovem estudante de fisioterapia de Nova Déli, saiu à noite para encontrar um amigo. Foi estuprada por um grupo dentro de um ônibus e abandonada com graves ferimentos. Morreu poucos dias depois, e a Índia entrou em convulsão. A história eletrizou o país e o mundo. Desencadeou uma enxurrada de protestos na Índia e expôs alguns aspectos verdadeiramente horrendos de nossa cultura e da cultura do estupro em geral.

Um dos cartazes de protesto dizia "Não diga à sua filha para não sair. Diga ao seu filho para se comportar direito". Outro: "Corte as ferramentas de estupro deles".

O filho do presidente indiano, também político, deputado, declarou: "Mulheres que estão participando de vigílias à luz de velas e aquelas que estão protestando não têm conexão com a realidade prática. Essas lindas mulheres que vêm protestar já estão bem rodadas e maquiadas".[3]

Num filme, um dos estupradores diz que só uns vinte por cento das garotas são "certinhas". Se elas saem à noite com garotos, estão procurando encrenca. Se não querem ser mortas, então devem simplesmente deitar e se submeter. Ele e os amigos estavam apenas ensinando uma lição a Jyoti, disse, e a morte dela foi um acidente.

(Deve existir um manual para estupradores em algum lugar. Isso é exatamente a mesma coisa que os homens que me estupraram disseram – que estavam me ensinando uma lição, para o meu próprio bem.") Um dos advogados dos estupradores deu uma explicação muito útil no mesmo filme (*India's Daughter*, ou Filhas da Índia, de Leslee Udwin), dizendo que as mulheres são como flores e os homens, como espinhos. "Se você coloca essa flor numa sarjeta, ela estraga. Se colocar essa flor num templo, será adorada." Em seguida, comparou as mulheres a diamantes e os homens, a cachorros. Depois disso, não consegui mais prestar atenção às metáforas.

De repente, o estupro estava na moda. Estava em todos os noticiários, em todas as conversas – era o assunto do momento.

Esse tempo todo, não me manifestei. Estava horrorizada com a história trágica do assassinato de Jyoti Singh, achando positivo que o crime recebesse toda aquela atenção, e aliviada por não ter nada a ver com tudo aquilo, por ter feito minha parte três décadas antes, e por agora outras pessoas estarem combatendo o bom combate.

Então, duas semanas depois, no dia de Ano Novo, eu estava num trem indo de Boston a Nova York com minha família quando abri um e-mail de uma amiga de Déli. "Isso está circulando no Facebook." Cliquei no link e não acreditei quando vi meu rosto de adolescente na tela do celular. Como não frequento as mídias sociais, não me ocorreu que alguém havia desencavado o velho artigo da *Manushi*, com foto e tudo, e postado. Viralizou na mesma hora. Eu ainda era a Única Vítima de Estupro Viva da Índia.

Então as portas do inferno se abriram. Estupro tem muito a ver com perda de controle, e esse era um sentimento muito familiar. Eu havia passado trinta anos superando algo que agora voltava sem aviso. Minha história estava toda no Facebook e no Twitter, e em todas as demais plataformas que eu nem sabia como usar. Parentes e amigos que não tinham a menor ideia de que aquilo fizesse parte da minha história davam de cara com o artigo em seus celulares e computadores. Emissoras de TV indianas ligaram e pediram entrevistas. A mídia ocidental, ansiosa para repercutir aquela história tão comentada no noticiário, ocorrida no novo Paraíso do Estupro mundial, mas que não dispunha de vítimas de verdade com quem pudesse falar, também pediu entrevistas. Fiquei simplesmente sentada ali, em choque, imaginando quando é que minha menina de 11 anos me perguntaria a respeito de todas aquelas ligações telefônicas.

Recusei todas, mas nos dias seguintes, após aquele caos inicial, fiquei cada vez mais confusa. Será que eu deveria aceitar? Ou era melhor esperar que a coisa se acalmasse? Era meu dever falar? Afinal, quem se importava com o que eu tivesse a dizer? Não queria perturbar minha mãe com aquela atenção prolongada sobre mim. Não queria que o estupro definisse minha vida. Mas também não queria que meu manifesto de tantos anos atrás, um pouco elaborado demais, fosse minha última declaração sobre o assunto. Será que eu deveria dizer alguma coisa?

Meu marido, muito sensatamente, disse: "Primeiro descubra se você tem algo a dizer". Soa óbvio, mas eu ficara tão ocupada girando minhas engrenagens que não tinha realmente pensado nisso. Relembrei o que havia escrito na *Manushi* – aquele grito desafiador de uma jovem que se recusara a sentir vergonha. Depois pensei em quem eu era agora – uma mãe, uma sobrevivente, uma escritora. Lembrei do estupro que sofri naquela noite, na montanha, e de reviver toda aquela dor ao me distanciar um pouco para escrever uma história. Bem, tinha chegado a minha chance de fazer isso de fato.

O texto que escrevi foi um destilado de muitas das ideias que estão neste livro – a ideia de que o estupro não deve definir você, que não tem que ter reflexos na sua família, que é terrível, mas você pode sobreviver a ele, que você pode seguir em frente e ter uma vida feliz, e que quatro homens numa encosta de montanha não têm que ser donos de você para sempre. O *The New York Times* publicou o texto,[4] e fui ao canal online deles para falar a respeito. Os editores me deixaram dizer a maior parte do que eu queria dizer, embora, para meu persistente pesar, eles tenham mudado "Eu rejeito a ideia de que o cérebro dos homens está nas bolas" para "Eu rejeito a ideia de que o cérebro dos homens está nos genitais" ("bolas", simplesmente, é muito mais evocativo).

Então as portas do inferno se abriram – de novo. Dessa vez, eu havia decidido expor *a mim mesma*, portanto não tinha o direito de me queixar, mas ainda fui pega de surpresa pelo pânico que me envolveu ao acordar naquela manhã e perceber que o artigo estava na soleira da minha porta e no meu computador, bem como em milhões de outras soleiras de portas e computadores. Às 5h30 da manhã, eu me encolhi debaixo das cobertas e caí no choro. "Mudei de ideia!", choraminguei. "Não quero fazer isso" (fiz o mesmo quando estava grávida de oito meses – como sempre, tarde demais para mudar o rumo das coisas). De repente, "me expor" pareceu uma ideia totalmente estúpida. Eu não sabia que imagem seria usada para ilustrar o artigo. E também não disseram que título iriam dar. Eu não queria saber. Eu precisava saber. Meu irmão ligou às 6 da manhã. "Está aqui!"

"Ai, meu Deus. Que título deram? Por acaso é *Vagina Vagina Vagina Vagina Vagina?*" Não era, e a imagem, apesar de insossa, tampouco era ofensiva. Mas ocupava a maior parte da página. Meu chefe me mandou e-mail dizendo que estava no metrô e que o cara ao lado dele estava lendo o artigo. Um sujeito qualquer na lanchonete virou pra mim e disse: "Eu conheço você!". Jornalistas ligaram de novo. Amigos, colegas e gente totalmente desconhecida me encheram de e-mails e ligações. Meu site teve 3 milhões de visitas em um mês.

Aos jornalistas, eu disse que para mim já era o suficiente; mas salvei meus e-mails e respondi quase todos. Poucos eram desagradáveis, e alguns dos comentários desagradáveis eram engraçados demais para que pudessem magoar. Adorei particularmente o homem que achou que eu havia inventado a história para poder vender livros. Isso deveria ter exigido muita astúcia e premeditação, pois o estupro acontecera muito antes de eu ter escrito qualquer ficção, mas, de todo modo, gostei da confiança dele na minha competência em marketing. Havia vários e-mails com o título "É de tirar o chapéu!", e outro com um "É de tirar a tampa da cabeça!". Pessoas escreveram da Índia, dos Estados Unidos, da Dinamarca, da Austrália, da Arábia Saudita, do Reino Unido, do Canadá... Mulheres mandaram mensagens dizendo ter sofrido estupro e nunca revelado a ninguém; homens escreveram expressando horror e sentindo-se de mãos atadas, sem saber o que fazer; um vizinho da Índia escreveu para me dizer que eu era "durona mesmo"; amigos escreveram para dizer que ficaram aos prantos. Era tudo muito interessante.

Parte daquilo também era terrivelmente triste. Imagine a solidão de uma mulher que está sendo estuprada por uma pessoa bem próxima, e que precisa escrever a alguém totalmente estranho porque nunca teve com quem dividir seu fardo ou aliviar sua dor. Quando eu clicava num e-mail, não tinha ideia se me provocaria um sorriso irônico ("Você faz a coisa soar dramática demais, não há razão para tanto") ou me fazer chorar ("Estou cansada de me sentir impotente. Cansada de acordar no meio da noite com pesadelos horríveis de que estou sendo abusada, com as pessoas olhando, e eu sem poder fazer nada").

Era bizarro me "expor" daquele jeito, porque de uma hora para outra eu recebia toda aquela compaixão e apoio, o que era muito bom, só que eu não precisava de nada daquilo. Já haviam se passado três décadas desde que eu precisara. As pessoas que liam o artigo diziam-se chocadas e angustiadas por eu ter passado por aquela experiência, mas eu já deixara de ficar chocada e angustiada havia muito tempo. A história não era novidade para mim. Portanto, eu me via na estranha posição de confortar as pessoas que queriam me oferecer conforto.

Se você é uma sobrevivente e está lendo isto, sabe que quando escrevo "Eu deixara de ficar chocada e angustiada havia muito tempo", não quer dizer que eu tenha superado e que está tudo resolvido e que agora virei de vez a página dessa história do estupro. Lembro-me de um amigo com quem falei menos de um ano depois que aconteceu. "Você acha que eu fico pensando nisso tempo demais?", eu quis saber. "Ainda me sinto assustada e angustiada; você acha que estou dando importância demais a isso?". "Sim", ele disse. "Você já devia ter superado isso a essa altura." Isso me fez calar por um tempo.

Demorei muito para concluir que ele não tinha a menor noção do que estava dizendo. Você não "supera isso" tão facilmente. Não é assim que funciona. Nesse sentido, o estupro não difere de nenhum outro trauma – não dá para achar que não aconteceu nada. Por mais que tenha conseguido se curar, nunca vai poder ser *desestuprada*, da mesma maneira que você não pode desmorrer. O que eu quero dizer é que se trata de um dos eventos da colcha de retalhos que constitui a pessoa que sou hoje. Às vezes, é angustiante; muitas vezes, é algo que simplesmente está ali. Eu fiz as pazes com *isso* – quase que inteiramente.

Também fico um pouco sem graça por receber tanta atenção. Meus livros nunca provocaram uma agitação desse nível – isso, sim, seria a realização de um sonho. Será que eu não estaria simplesmente faturando a partir de uma história sensacional, criando uma onda em cima disso?

Sem dúvida, o artigo no *The New York Times* só veio concluir o que o texto resgatado da *Manushi* já havia iniciado – colocar-me em posição de destaque como Vítima de Estupro. Eu voltei para o início de tudo, e passei os últimos dois anos fazendo de novo grande esforço para me certificar de que não é isso o que me define. Continuei escrevendo uma coluna de jornal abordando muitas coisas que não têm nada a ver com estupro – jardins, bicicletas, arquitetura, educação...

Então, por que raios estou aqui de volta, escrevendo de novo sobre o assunto? O fato é que, mesmo que isso não me defina, é algo que me fascina. As pessoas agora estão escrevendo e falando sobre estupro muito mais do que antes. Desde 2016, algumas poucas e corajosas pessoas ao redor do mundo falaram abertamente sobre a experiência de terem sido estupradas. O abuso sexual está espalhado pela mídia ocidental. Sou uma espécie rara de observadora cética de tudo isso: uma escritora de pele morena, bissexual, de meia-idade, imigrante muçulmana ateia, sobrevivente, sem o Gene da Vergonha. Essas são as minhas credenciais. Ao contrário do mosquito de Verlyn Klinkenborg, que não soube quando havia chegado a hora de cair fora, eu não morri. Eu disse aos homens que me estupraram que manteria segredo. Inventei toda uma história dizendo que me encontraria com eles de novo se me deixassem ir embora. Disse que tinha uma doença. Que eles eram melhores do que aquilo. Falei da minha avó. Tentei os argumentos mais malucos que encontrei para que mudassem de ideia e não me matassem. Falei e falei sem parar. Falei quase sem saber o que dizia. E continuo falando.

Cale a boca senão você morre, putinha maluca

> *Não sei por que estou escrevendo este e-mail, mas quero me livrar deste fardo que carrego no coração... Viver esse pesadelo parece quase impossível para mim... Tentei também me matar... Não sei o que fazer da minha vida daqui para a frente.*
>
> – e-mail, 2013

> *A primeira pessoa com quem falei foi minha irmã. Ela se recusava a acreditar em mim. Ele tinha me estuprado. Eu estava sangrando e grávida. Ele pegou minhas chaves para que eu não pudesse ir até o hospital. Liguei para minha irmã. Ela me levou de carro até o hospital e eu fui contando tudo no caminho. Ela disse: "Khabardar,* se contar isso a alguém...". Falou que eu era uma mentirosa.*
>
> – Angie, estuprada e agredida pelo marido durante anos antes de deixá-lo.

---

* "Muito cuidado." [N.A.]

EU CONTEI MINHA história. Outras não contaram – pelas mais variadas razões.

"Toda manhã eu acordava com ele fazendo alguma coisa." Rida tinha 3 ou 4 anos. O pai estava no Exército e a família mudava constantemente de casa, toda vez que ele era transferido. Numa pequena cidade de Maharashtra, cabos do Exército eram colocados para trabalhar nas casas dos militares, como serventes – criados muito elogiados. "Ele" era um desses homens.

Aconteceu durante meses, talvez mais tempo, ela não sabe precisar quanto. "Eu acordava e me via sem pijama e com ele em cima de mim. Lembro que ficava com medo do que poderia acontecer todas as manhãs, quando acordasse. Eu sempre tentava fugir dele ao acordar."

Ela não contou a ninguém. "Sobre certas coisas você não fala. Aprendi isso bem cedo... Um dia, acordei e o vi com plena ereção. Era um homem grande, forte. Dei-lhe um chute com muita força. Ele parou depois disso."

Ela não tinha palavras para contar a ninguém, e agora, fazendo uma retrospectiva dos fatos, pensa que provavelmente ela é que seria considerada a culpada. "Eu era uma moleca. Fazia amizade com todo mundo, não importava de que classe fosse. Não tinha inibição. Ficava muito à vontade em ajudar nos serviços de casa. Meus pais não aprovavam isso. Minha família era muito conservadora. Talvez eu sentisse, inconscientemente, que eles colocariam a culpa em mim.

"Aprendíamos lições do tipo 'Que você não seja descoberta deitada com um homem'."

A primeira vez que contou aquilo a alguém, já tinha 17 anos de idade e estava na faculdade. Alguma coisa tinha acontecido, então, e ela estava com um grupo de amigas, comentando o incidente. "*Todas* as meninas tinham uma história pra contar. Mais de uma história. Contei a elas o que acontecera comigo. Então chorei. Foi impressionante. Uma catarse. Eu finalmente encontrara uma maneira de começar a entender aquilo. Senti como se estivessem tirando um peso de cima de mim."

Alguns anos mais tarde, Rida estava numa aula em que os alunos tinham como tarefa escrever uma carta a alguém próximo, revelando um segredo. Ela escreveu à irmã, contando-lhe a respeito do abuso. Então ligou para a irmã para avisar que a carta que iria receber era séria, e que ela procurasse não ficar muito chocada. A irmã leu a carta e ligou na mesma hora para dizer que o mesmo homem também havia feito aquilo com ela. Elas haviam crescido juntas, cada uma guardando sozinha o mesmo segredo.

O que acontece quando você guarda um segredo tão grande? O que acontece com você, e o que seu silêncio representa para as pessoas à sua volta e para sua comunidade?

Angie demorou dez anos para largar o marido, dez anos nos quais não teve ninguém a quem confidenciar o segredo. "Algumas mulheres têm cicatrizes que podem mostrar aos outros. Minhas cicatrizes estão dentro de mim", ela me contou. Manassah, um sobrevivente homem, passou muitos anos sentindo-se totalmente sozinho. Quando finalmente conheceu outro homem que também havia sido estuprado, comentou: "Foi algo espantoso!".

Cheryl cresceu numa pequena cidade do centro-oeste dos Estados Unidos. Ela foi estuprada no colegial pelo aluno mais popular da classe. Conversando comigo, lembrou o quanto se sentia sozinha. "Eu vivia com aquilo, totalmente calada, muito estressada. Era uma garota ansiosa, e isso me fez chegar ao limite. Eu assistia aulas com ele. Comecei a me vestir de outro jeito, com roupas mais folgadas e pretas. Escrevi um bilhete pra ele – *Por que você fez isso?* – e ele escreveu de volta: *Que inferno, me deixe em paz. Pare de mentir a meu respeito.*" Por que calamos? A resposta fácil é "por vergonha", e com frequência a razão é essa mesmo. Acabamos achando que a falha foi nossa, por estarmos disponíveis ou vulneráveis, ou pela ingenuidade de não ter percebido a tempo. Em todo o mundo, nos culpamos, incapazes de considerar que foi outro ser humano que cometeu o crime. É mais fácil sentir-se envergonhada do que aceitar que alguém violou nossa intimidade da maneira mais perversa, e que não fomos capazes de fazer nada.

Cheryl começou a me contar a história dela de uma maneira autodepreciativa, o que me é muito familiar: "O garoto mais popular da escola me pediu que o ajudasse com o trabalho de casa. E eu caí nessa história que nem uma tonta".

Heather sofreu estupro coletivo. Ela me contou por que evitou falar sobre isso: "Era um assunto embaraçoso, me deixava indignada. Minha meta principal era me sentir limpa e esquecer o que havia acontecido. No meu caso, acho que era uma questão de dizer simplesmente *Tudo bem, já passou. Limpe-se e toque o barco para a frente.*"

No meu caso, os homens que me estupraram tinham uma arma afiada, e toda a intenção de usá-la no meu amigo e em mim. Nós saímos vivos porque eu prometi que não abriria a boca, em troca de não ser morta. Eles acreditaram em mim, sem hesitar muito. Evidentemente, conheciam a sociedade indiana melhor do que eu.

Os tabus são tão variados quanto as sociedades. Nos distritos de Porto Elizabeth, na África do Sul, as pessoas falam sobre estupros; Busisiwe Mrasi tem 23 anos. Ela exibe um imenso sorriso branco (e uma bela separação nos dentes da frente – para deixar entrar luz) e me contou sua história. Estuprada aos 9 anos, teve que lidar com vários desafios. Pegou HIV do estuprador. A mãe dela era alcoólatra, e o pai estava debilitado pela asma. Ela viveu sozinha por um tempo e começou a ir à escola. Agora tem um filho de 3 anos, e ambos têm boa saúde e recebem apoio para a educação através da Ubuntu Pathways, a organização por meio da qual entrei em contato com ela. Perguntei a Busisiwe se ela fala a respeito da agressão sofrida. Com certeza, disse ela. "Eu conto às pessoas que fui estuprada e que tenho HIV. Ouço as histórias dos outros, e sou receptiva."

Nomawethu Siswana, da Ubuntu, diz que isso é bastante comum. Pessoas da periferia da cidade falam abertamente sobre estupro – desde que tenha sido cometido por algum estranho. "Fica em segredo quando o autor é um membro da família."

Se eu já me sentia tensa ao contar às pessoas que havia sido atacada por um bando de estranhos armados de faca, não consigo nem imaginar o quanto deve ser difícil falar a respeito de incesto, ou de estupro dentro do casamento ou cometido por alguém conhecido – e esses dois últimos casos são os mais comuns. Na Índia, o estupro em comunidades fechadas é, na realidade, uma das justificativas para o casamento de crianças. É melhor que a garota vá morar com os pais e parentes do noivo enquanto ainda é virgem, e que seja legalmente estuprada, do que um tio ou vizinho chegar primeiro.

Sanjana foi molestada por um amigo da família quando tinha 9 anos. Não contou nada porque tinha certeza de que a culpa era dela. "Eu adorava a atenção que recebia dele". Ele era um jovem de uns 18 anos de idade. "Éramos amigos", explica. "Eu apenas começava a ter consciência da minha sexualidade e queria saber mais. Então, quando ele me estuprou, achei que a culpa tinha sido minha. Como é que eu poderia contar a alguém? Meu maior medo era que minha mãe descobrisse sangue na minha calcinha!"

Uma mulher sul-asiática me escreveu: "Fui abusada quando criança por um parente. Meu pai nunca acreditou em mim, e não tive coragem de contar à minha mãe. Eu estava confusa e com vergonha do que havia acontecido. A visão daquele homem me dói na alma e me dilacera por dentro".

Nos Estados Unidos, sete de cada dez estupros são cometidos por alguém que a vítima conhece.[5] Isso aumenta não só o sentimento de culpa como também a dificuldade de contar a alguém.

Mas há algo mais, além da vergonha.

Contar nem sempre traz uma recompensa: conforto, encerramento, justiça. Às vezes, as mulheres contam, mas todos agem como se elas não tivessem dito absolutamente nada. Uma mulher me escreveu num e-mail: "Contei aos meus pais, e eles não fizeram nada. Absolutamente nada. Eu me senti muito traída. Todo mundo na minha casa sabia, mas mesmo assim ele comparecia a todos os eventos familiares. Ele até trabalhava na loja do meu tio".

Às vezes, contar pode lhe custar um relacionamento precioso. Uma avó segura sua mão; a outra olha feio para você.

Às vezes, você conta e acaba tendo que confortar a pessoa a quem contou.

Às vezes, você conta e a outra pessoa diz algo horrível. Um dia depois do meu estupro, uma amiga, tentando

me animar, disse: "Uau, você ficou com quatro caras ao mesmo tempo!".
E não é apenas com os relacionamentos que você tem naquele momento; isso continua para sempre. Como vários de nós carregamos muita bagagem a respeito de violência sexual, há uma relutância perfeitamente justificável em abrir o jogo em relação a ter sido estuprada. Eu contei a um possível namorado na faculdade o que havia acontecido comigo, e isso acabou com qualquer chance de ficarmos juntos. Ele olhava pra mim horrorizado, como se eu fosse uma preciosa estatueta de porcelana que tivesse sido quebrada pelo mundo maligno, e então era dever *dele* me proteger – o que passou a fazer, seguindo-me com ar de quem me adorava pelo *campus* inteiro, até que fiquei me sentindo tão mal com aquilo que tive que afastá-lo de mim, com certa rudeza. Quem precisa disso, não é?

Às vezes, contar é apenas uma imensa perda de tempo, energia e emoção. Contar é difícil porque, embora você possa controlar a quem conta (a não ser que alguém decida postar seu discurso de trinta anos atrás no Facebook!), você não consegue controlar a reação da pessoa. Tem que aceitar o que vier. Portanto, quando você passa a ser violada de modo tão abrangente, é claro que faz sentido manter sua dor trancada onde ninguém possa torná-la pior.

Enquanto Heather me dava mais e mais detalhes de seu estupro coletivo e do que sofreu depois, eu ouvia algo familiar na voz dela. Sei bem do que se trata, pois eu também tenho isso: um jeito de contar a história com uma aura suave, um ar de naturalidade, com variações na entonação, mas sem nenhuma emoção real. É o que a gente faz para conseguir manter algum equilíbrio, e é um ótimo mecanismo para lidar com isso. É também bastante curativo – quanto mais vezes você conta, mais aquilo se torna algo manejável, porque não importa quantos detalhes a gente revele, sempre deixamos de fora os mais insuportáveis, que ninguém deseja ouvir. No final, apresentamos uma versão esterilizada, que contém os inevitáveis respingos de horror, mas nada que deixe a pessoa muito desconfortável. E ficamos sempre procurando dar a ela apenas aquilo que ela é capaz de suportar. Acabamos protegendo o outro.

Hoje, com as mulheres falando abertamente sobre abuso e estupro (geralmente, mulheres com algum tipo de privilégio e segurança) e nomeando seus abusadores, fica difícil entender como era o mundo no qual cresci, quando eu nem conseguia imaginar como seria o rosto de alguma outra vítima de estupro. Mas ainda é um grande problema. Ainda vai levar muito tempo até que o estupro se livre de seu estigma a ponto de você não ser mais punida por falar abertamente dele, como sobrevivente. Às vezes essa punição leva você a ser discriminada, a ser de algum modo diminuída.

Em 2014, a atriz e escritora Kalki Koechlin foi a um evento para falar sobre o abuso sexual de crianças. Conversando com alguém que a elogiou por comparecer e apoiar a causa, ela disse algo mais ou menos como "É universal – acontece com todas as mulheres, aconteceu até comigo".

"Eu realmente não achei que fosse repercutir tanto ter feito essa afirmação", ela me contou. "Estava apenas argumentando que acontece com todas." Ela não pareceu ter refletido sobre isso.

"Acordei na manhã seguinte e o mundo inteiro desabou", prosseguiu ela. Pessoas que conhecia, pessoas que não conhecia, a mídia, a família. Todos queriam saber quem tinha sido. Todos queriam saber o que havia acontecido. Foi parar nas manchetes; foi parar no noticiário de TV. Ela não respondeu a nenhuma das perguntas. Deixou passar um tempo para poder então abordar o assunto em termos mais gerais: "O que aconteceu não é interessante". Kalki logo ficou cansada de ver que toda entrevista, toda conversa se voltava para o assunto. "Eu simplesmente desviava a conversa", diz. Não porque sinta vergonha de sua história – é só porque não quer ser definida por esse único fato.

Entendo isso muito bem. É uma tentativa de reequilibrar – você não quer ser obrigada a ficar com um segredo que não possa compartilhar, mas igualmente não quer que aquela coisa que aconteceu seja o que ocupa mais espaço na mente das pessoas quando pensam em você. Eu espero que o fato de ser uma sobrevivente de estupro não seja a coisa mais interessante a meu respeito ou a respeito de quem quer que seja. No esquema geral, o que acontece *depois* é mais importante. Será que Malala Yousafzai é alguém interessante somente porque o Talibã lhe deu um tiro na cabeça? Claro que isso é digno de nota, mas a essa altura ela é mais interessante pelo que tem feito com sua vida depois daquilo.

Contar também pode repercutir na sobrevivente. Imagine você reunir todas as suas forças para falar e descobrir que ninguém acredita em você. Sinto-me obrigada a dar um longo suspiro e revirar os olhos diante do medo histérico que as pessoas têm de possíveis falsas acusações, algo que está expresso no atual pacote dos cães de guarda do Departamento de Educação dos Estados Unidos, encarregados de legislar os procedimentos dos *campi* universitários. Claro que os abusadores que forem acusados devem ser devidamente processados – eu amo e respeito muitos homens, e se um deles for acusado, vou querer que tenha uma audiência justa. Mas, gente, é só dar uma olhada em volta. Simplesmente olhe ao redor. De onde foram tirar que talvez seja agradável relatar um estupro? Acho muito difícil acreditar que haja várias garotas e mulheres por aí aguardando ansiosamente a hora de dizer que foram atacadas sexualmente sem terem sido. Em geral, as mulheres sentem muita dificuldade em relatar uma agressão sexual. Na realidade, o que costuma acontecer é o oposto. Pergunte a todas as mulheres que tiveram que engolir suas palavras.

    Eu sei o que aconteceu comigo. A polícia não acreditou em mim, apesar dos ferimentos visíveis, e o médico ficou constrangido demais até para me examinar direito. Quando alguma vez eu duvido de mim mesma, achando que estou louca e delirando, só preciso pegar o telefone e ligar para o cara que estava comigo, que testemunhou tudo. Agradeço aos céus por isso. Mas se você der uma olhada nos empoeirados livros de registro da delegacia local, irá encontrar lá um boletim de ocorrência, assinado por mim, declarando que não aconteceu nada naquela noite. Lembro que fiquei sentada, escrevendo isso à mão. Foi a única maneira que achei de evitar que a polícia me detivesse para me "proteger". Se eu insistisse com a verdade, e fosse adiante e prestasse queixa, teria sido levada a uma casa de detenção provisória. Não teria tido permissão de sair do país, voltar aos Estados Unidos, voltar para minha mãe e começar a faculdade. Então, preferi mentir. Mas não menti dizendo que havia sido estuprada sem ter sido. Menti dizendo que *não* havia sido.

    Existem mulheres que mentem que foram estupradas? Tenho certeza de que algumas fazem isso. Mas falsas alegações são muito raras.[6] Mulheres também podem ser psicopatas, mentirosas e oportunistas. Mas quem acha que o comportamento de praxe das *vítimas* é mentir, dizendo que foi estuprada sem ter sido, está alucinando. Como se todas essas razões para não contar já não fossem suficientes, há ainda outra falsa ideia circulando. Contar faz de você uma vítima fraca e chorona? É um tema estarrecedor, insidioso, que roda o mundo inteiro: se você não aguenta tomar porrada (ou ter a vagina invadida) e não supera isso calada, você é uma fraca. Muitas mulheres aceitaram adotar esse mantra ridículo – esse refrão que dá apoio a tal tipo de atitude. Se você se queixa de qualquer coisa que não chegou a ser um estupro com penetração completa, no qual sua vida tenha estado em risco, você está pondo a perder todo o trabalho que as mulheres têm feito para se tornarem poderosas. Está abrindo mão de sua postura firme e caindo no estereótipo da mulherzinha frágil, passiva. Isto é, se você não foi capaz de dizer "não" na hora, não tem direito de falar agora.

Isso está totalmente errado. O oposto é que é verdadeiro. A partir da hora em que você fala, do momento em que escreve a própria narrativa, do *segundo* em que abre a boca, não é mais apenas uma vítima. Está reassumindo algum controle. É o oposto da vitimização. Quem acha que não é preciso coragem para abrir o jogo e contar tudo é porque não enfrentou o descrédito, o escárnio, ou a mais desagradável de todas as reações – a excitação sexual. A amiga que me provocou de brincadeira dizendo "Nossa, você ficou com quatro caras ao mesmo tempo!" não estava, na realidade, excitada: estava só desconfortável e acabou soltando sem pensar um comentário totalmente besta. Eu mesma fiz isso várias vezes, não posso criticá-la. Mas muitas pessoas ficam levemente excitadas ao ouvir histórias de estupros. Suponho que seja inevitável, em se tratando do ato envolvido, mas mesmo assim é grosseiro. Não há nada de erótico em alguém atropelando seu corpo como um caminhão, e não há nada de positivo naquele olhar levemente aceso de tesão que você flagra nos olhos de alguém quando conta a história. Sei que isso me impediu algumas vezes de falar, e tenho certeza de que isso acontece também com outras pessoas.

Na peça *Tito Andrônico*, de Shakespeare, Lavínia é estuprada e depois cortam-lhe fora a língua. Contar pode ter um alto preço. Mas não contar também. Não contar significa que você não terá ajuda física ou psicológica. Não será examinada para ver se ficou grávida ou se contraiu HIV. Não entrará em processo de terapia. Não conseguirá sentar ao sol com sua melhor amiga e chorar por um bom tempo. Custa esforço manter um segredo.[7] Às vezes, relembrar é difícil demais e você enterra a memória, mas muitas vezes isso não funciona. "Você esquece", diz um homem sábio (com quem, aliás, me casei), "até que esquecer fica mais difícil do que lembrar".

E esse é simplesmente o preço que as sobreviventes pagam. Silenciar a respeito de um estupro tem outro efeito tóxico: deixa os abusadores de fora. Quero que fique bem claro que nunca é obrigação de uma vítima falar, ou prestar queixa, ou fazer qualquer coisa, exceto sobreviver. A primeira responsabilidade é conseguir passar por isso. Mas somos todos culpados quanto ao silêncio que cerca um estupro, uma "grande conspiração internacional", se é que isso alguma vez existiu.

Larry Nassar beneficiou-se exatamente desse tipo de conspiração. Médico especializado em medicina esportiva das ginastas olímpicas americanas, ele abusou sexualmente de centenas de garotas durante anos, até ser barrado. Várias de suas vítimas chegaram a se pronunciar muito antes de ele ter sido finalmente preso – os adultos é que se encarregaram de manter olhos e bocas fechados. Foi uma traição sistêmica épica, embora não atípica.

"Quando se trata de silenciar mulheres", escreveu a especialista em estudos clássicos Mary Beard, "a cultura ocidental tem milhares de anos de prática".[8] Outras culturas também. O silêncio é poderoso. Mas não tão poderoso quanto as palavras. Veja o escândalo de Harvey Weinstein e a torrente de revelações que se seguiu sobre abuso sexual em diversos cenários. Weinstein, uma pessoa influente em Hollywood, passou anos sendo acusado, preso, solto, indiciado por abusar de uma mulher atrás de outra.[9] Suas vítimas geralmente permaneciam em silêncio, ou, quando falavam, era apenas para as pessoas mais próximas. Então, em outubro de 2017, a história foi escancarada com um artigo do *The New York Times* sobre o comportamento predatório de Weinstein, que, ao que parece, era um segredo aberto em Hollywood. Várias estrelas vieram a público para contar que haviam sido assediadas – ou algo pior – por ele. Gwyneth Paltrow, Angelina Jolie, Rosanna Arquette, Ashley Judd, Asia Argento, Rose McGowan... As histórias eram revoltantes. Na maioria das vezes, a atitude delas foi encorajadora. Levou outras pessoas do setor a prestar todo o apoio às mulheres que falaram. As pessoas que se negaram a apoiar formaram uma minoria à parte, mas que também se manifestou.

As palavras se revelaram mais poderosas do que o forte controle de Harvey Weinstein sobre o setor, e com certeza mais poderosas do que o pau dele, cujo modo de atuação já era conhecido por muita gente. As palavras são inimigas da impunidade. São elas que podem trazer uma mudança real. A República Democrática do Congo (RDC) é tristemente chamada de "a Capital Mundial do Estupro".[10] Verdade ou não, com certeza é um forte indício de que talvez se trate da Capital Mundial da Impunidade. Em 2008, a ONU designou oficialmente o estupro como arma de guerra (às vezes os caras levam séculos para atualizar seu vocabulário!), e na RDC – onde o estupro durante conflitos armados é tão comum que em Bukavu existe até um hospital especializado em tratamento de danos decorrentes de estupro, como a fístula[11] – os estupradores têm historicamente atormentado mulheres, homens e crianças sem que isso tenha tido repercussão. Em 2015, Lauren Wolfe, diretora do Women Under Siege [Mulheres Sitiadas] do Centro de Mídia para as Mulheres dos Estados Unidos, relatou estupros cometidos pelo deputado Frederic Batumike Rugimbanya e onze outros homens. Ela decidiu escrever a respeito. Em 2016, produziu um artigo para *The Guardian*[12] que levou a 68 prisões. Ela continuou escrevendo, até que o governo da RDC parou de protelar as decisões e promoveu um julgamento militar. Em dezembro de 2017, todos os doze homens julgados receberam pena perpétua por crimes contra a humanidade. Foram responsáveis pelo estupro e morte de cerca de cinquenta mulheres, desde crianças a moças de 18 anos de idade. Foram as palavras que fizeram isso. As palavras levaram pela primeira vez um oficial do exército da RDC a ser condenado por estupro.[13] Lauren Wolfe recusou-se a ficar calada e ajudou a dar voz a todas as vítimas e famílias que conversaram com ela. As testemunhas se recusaram a ficar caladas, embora corressem tanto risco que algumas tiveram que depor com o corpo inteiro coberto, usando equipamentos de distorção de voz, e até testemunhar atrás de biombos. As palavras abriram uma brecha na impunidade.

Mas as palavras são também um luxo. É preciso coragem para falar sobre abuso sexual, em qualquer de suas formas. Para muitas e muitas mulheres, falar é letal. Exige fibra. Uma atriz branca de Hollywood, consagrada, rica, merece aplausos por falar. Uma empregada doméstica num alojamento de Mumbai, que depende de seu salário para sustentar os filhos, tem que pensar muito mais antes de delatar o patrão que vai até o quarto dela à noite. E para mulheres em famílias de aldeias, cujas casas reúnem várias gerações sob o mesmo teto, falar de incesto ou estupro pode significar literalmente a morte.

Portanto, elas se calam. Portanto, a coisa continua.

Uma sobrevivente de estupro marital que conversou comigo expressou isso da melhor maneira: "Se a gente não abrir a boca, essa conversa ficará silenciada para sempre".

Totalmente diferente, exatamente igual

*Há outro mundo dentro deste
que as palavras não conseguem descrever.*

– Rumi

DE VEZ EM QUANDO acontece alguma coisa e todos ficamos animados. Isso vai mudar o jogo! As coisas nunca mais serão como antes! Um ponto de virada, um divisor de águas, a hora em que tudo vai mudar. Ou não.

O dia 16 de dezembro de 2012 foi um desses momentos na Índia, com o estupro coletivo e o assassinato de Jyoti Singh em Nova Déli. Jyoti era uma jovem de aldeia que viera para a cidade grande cheia de ilusões. Era estudante de Medicina Fisioterápica, e uma noite foi ao cinema com um amigo. Uma saída noturna normal, que terminou com ela sofrendo estupro coletivo, sendo eviscerada e tendo ferimentos fatais, e tudo isso foi seguido por uma comoção nacional de frustração e raiva quando ela morreu alguns dias depois.

Estupro e morte são lugares-comuns. O sol nasce, alguém é estuprado; o sol se põe, alguém é assassinado; o sol nasce de novo. Mas esse estupro e essa morte em particular tocaram a sensibilidade do país e, embora estupro e morte continuem sendo tão previsíveis quanto o nascer e o pôr do sol, a conversa de fato mudou.

Em primeiro lugar, agora *há* uma conversa a respeito do assunto. Isso, por si só, já é uma mudança radical. Temos agora um país no qual reconhecemos que o estupro existe e, bem ou mal, começamos a ouvir nossos líderes se manifestarem sobre o tema. Agora, o motorista da minha mãe e eu podemos discutir tranquilamente sobre estupro enquanto ele me leva de carro até algum lugar.

Trinta anos atrás, eu jamais imaginaria isso. Levemos em consideração o que aconteceu em 1983, quando eu pesquisava para minha tese de graduação. Ainda sem ter ideia do nível de negação sobre o assunto, apesar do que havia acontecido comigo, apareci na Índia com um monte de anotações e com a minha fiel caneta-tinteiro, na expectativa de longas e intensas conversas com mulheres e com homens que representassem todas as camadas da sociedade. Não foi bem assim. A única sobrevivente que encontrei foi uma menina de 5 anos de idade, numa favela de Bombaim, cuja família estava em contato com um grupo de mulheres para tentar mantê-la segura depois de ela ter sido estuprada. Acabei conseguindo entrevistar apenas uma vítima de estupro para minha tese: eu mesma. As outras pessoas sobre as quais escrevi eram todas mulheres das castas mais baixas, cujas experiências haviam chegado ao noticiário porque a esquerda da Índia queria falar sobre estupro, já que ele fazia parte do contexto da opressão de castas e classes. Algo louvável, mas incompleto. Uma mulher de classe média estuprada por homens de classe baixa; uma menina estuprada por um homem da própria família – essas não se encaixavam na narrativa. Grupos feministas travavam o bom combate e tentavam incentivar uma discussão mais matizada sobre agressão sexual, mas não era fácil.

Por que o caso de Jyoti Singh se tornou um ponto crucial, e tantos outros anteriores passaram em branco? O caso Mathura, em 1972, certamente não causou o mesmo impacto público. Mathura, uma adolescente tribal, foi estuprada por dois policiais. Houve protestos e algumas expressões de indignação, mas os estupradores foram inocentados. O juiz disse que as circunstâncias não justificavam um veredito de estupro, já que ela estava "habituada à atividade sexual".[14] Mesmo assim, a história de Mathura é significativa: ela deu o pontapé inicial no movimento antiestupro na Índia. Fez as mulheres se organizarem e saírem em passeata pelas ruas. Era a primeira vez que se desafiava um veredito sobre estupro na Índia. O país não se comoveu, como ocorreria mais tarde, após o caso de Jyoti Singh, mas Mathura uniu feministas numa duradoura expressão de repúdio.

Não sei por que o caso de Jyoti Singh foi diferente. Uma tese sustenta que ela representava uma nova Índia, um país em que uma jovem da zona rural pode ir para a capital com um sonho, fazer faculdade, ter amigos e liberdade, sair com um amigo à noite para assistir ao *As aventuras de Pi* e sobreviver para contar a história. Ela representava algo novo, estimulante, representava esperança. E a destruição disso foi a derradeira injúria que fez começar a ferver uma raiva há muito tempo estava em fogo brando.

Seja esse ou não o motivo, o fato é que aconteceu. Milhares foram às ruas protestar. Os estupradores foram condenados. Um deles era menor de idade e pegou três anos; quatro deles receberam pena de morte. Um deles já morreu na prisão, em circunstâncias obscuras. Nas ruas e na mídia, o furor levou a discussões nas mais altas esferas legislativas: apenas dez dias após o crime, o governo do país nomeou uma comissão jurídica para examinar as leis sobre agressão sexual. A comissão teve um prazo de trinta dias para apresentar suas conclusões.

A Comissão de Justiça Verma era formada por três membros: o juiz Jagdish Sharan Verma, um prestigioso presidente de tribunal; a juíza aposentada Leila Seth e o ex-procurador-geral, Gopal Subramanium. Eles convidaram os indianos a fazer uma avaliação do estupro e de suas leis, e em poucos dias 70 mil pessoas responderam. Setenta mil!

O relatório da comissão[15] é muito bom. Não concordo com tudo o que está ali, mas quando foi a última vez que o governo indiano apoiou a criação de um manifesto feminista? Além de recomendar uma reforma judicial, uma reforma da polícia e outras medidas óbvias, o relatório foi além e sugeriu mudanças sistêmicas para alterar a cultura do estupro e proteger as mulheres – por exemplo, registrar todos os casamentos em vez de permitir que as pessoas optassem apenas por uma cerimônia religiosa simples. Também culpou o governo por sua apatia. Discutiu o machismo desenfreado que propicia uma atmosfera de impunidade.

Estava longe de ser perfeito, mas mesmo assim foi uma conquista maravilhosa. As pessoas – pessoas comuns, grupos de mulheres, especialistas – falaram e foram ouvidas. Especialistas foram convocados e deram um testemunho instigante. O relatório destacou alguns dos exemplos mais tóxicos da reação governamental ("A vítima é tão culpada quanto seus estupradores... É possível bater palmas com uma mão apenas?

Não acredito que seja"). O relatório tachou de "ultrajantes manchas sobre uma Índia livre" as muitas maneiras como as mulheres indianas são oprimidas. Citou a cantora afro-americana, defensora dos direitos civis, Marian Anderson. Chegou a me citar, para minha infantil alegria. Defendeu de modo eloquente o conceito de fluidez de gênero. Declarou de maneira inequívoca que as vítimas de estupro podem seguir em frente e "levar a vida de uma maneira positiva". Isso pode soar como se não fosse grande coisa, mas é preciso lembrar que se trata de um país em que, no fundo, tem-se a crença de que é melhor morrer do que ser estuprada – as vítimas de estupro são chamadas de *zinda laash*: cadáveres vivos. Afirmou que "é essencial que seja cortado o vínculo entre vergonha e honra, de um lado, e o próprio crime, de outro". Abominou o fato de os policiais indianos terem se tornado "árbitros da honra". Considerou "simplesmente deplorável" que a polícia assuma ter a capacidade moral de se pronunciar sobre o que seja certo ou errado em relação à vítima de estupro e ao estuprador. Discutiu "nuances de consentimento" e as complexidades de se fazer uma discriminação na dinâmica de escolhas e poder. Rejeitou terminantemente a ideia de que maridos não podem ser considerados estupradores de suas esposas: "O fato de o acusado e a vítima serem casados ou terem outro tipo de relacionamento íntimo não pode ser encarado como um fator atenuante que justifique sentenças menores por estupro".

Excelente! O relatório também explorou em detalhes os prós e os contras de se usar o termo "agressão sexual", que permite uma definição mais ampla, e "estupro", que "incorpora alto grau de ofensa moral e social". Recomendou manter ambos os termos – "estupro", por seu valor adicional de impacto e de gravidade, e "agressão sexual", por sua amplitude. Voltou-se para outros países – África do Sul, Canadá – em busca de maior esclarecimento sobre a elaboração de políticas. Tratou do assédio sexual verbal no trabalho para todas as classes de mulheres, incluindo as empregadas domésticas; abordou o tráfico de mulheres e os abusos nas fronteiras nacionais. Fez distinção entre tráfico de mulheres e prostituição, o que traduz maior clareza de pensamento do que a de muitas feministas ocidentais. Convocou famílias e escolas para que reconstruam as ideias vigentes sobre os papéis de gênero. Expôs uma análise excelente daquilo que acontece com muita frequência com garotos indianos, que quando adultos se tornam perfeitos babacas. Com espírito humanitário, rejeitou a pena de morte para o crime de estupro (ninguém deu ouvidos – agora temos isso, em alguns casos). Descartou como absurda a ideia de castração química como solução. Em vez disso, chamou atenção para problemas como a alta porcentagem de criminosos em cargos eletivos, a falta de instalações e de treinamento em instituições médicas e policiais, e o preconceito disseminado, que macula todos os aspectos da vida indiana.

    O relatório é inspirador, ponderado, necessário. Não é de leitura fácil. Quando cheguei à página 215 das suas 656, precisei colocá-lo de lado por um tempo: ele discutia os horríveis tratamentos a que são submetidas as crianças em instituições correcionais. O mundo pode ser muito feio, muito maligno. E muito empenhado, com seus dentes distorcidos e afiados, a devorar os mais vulneráveis.

    Um relatório como esse jamais teria sido escrito antes dos eventos de dezembro de 2012. É um documento impressionante, que marca um momento decisivo. E, mesmo assim...

E mesmo assim. Pergunto a mim mesma se esse esforço todo fez alguma diferença real. Será que toda essa discussão e todo esse conhecimento conseguiram evitar sequer um estupro? O noticiário está sempre cheio de casos de estupro de crianças, estupro coletivo, estupro filmado que viraliza, estupro, estupro, estupro.

A família de Jyoti Singh não ficou satisfeita, acha que as coisas não mudaram o suficiente (e me pergunto se seria possível que ficassem satisfeitos. O que precisaria acontecer para que sentissem que a filha não havia morrido em vão? Ela *de fato* morreu em vão). As mulheres indianas ainda se sentem inseguras. Tudo bem, o número de casos relatados de estupro é maior agora, mas quem é que dá queixa de estupro, de fato, e o que acontece depois disso? Um estudo de estupros relatados em Déli revelou que quarenta por cento das queixas de estupro notificadas eram, na verdade, de pais que haviam descoberto que suas filhas menores de idade estavam tendo sexo consensual e recorriam aos tribunais para punir tanto as filhas quanto os namorados.[16]

Esse é apenas mais um exemplo de utilização do estupro como uma ferramenta e da impressionante complexidade do assunto. Em 17 de janeiro de 2018, o corpo de uma menina de 8 anos de idade foi encontrado nos bosques de Kathua, no estado indiano de Jammu e Caxemira. Ela foi estuprada, estrangulada com o próprio xale e assassinada pelos estupradores, que esmagaram sua cabeça com uma pedra. Oito anos de idade. Num cenário que lembrou o de Jyoti Singh, a Índia tomou as ruas. Mas dessa vez havia outro elemento horrível numa situação já por si chocantemente horrorosa: o sentido comunitário. Na realidade, os supostos agressores da criança (entre eles quatro policiais) eram nacionalistas hindus, que cometeram o estupro como parte de sua campanha para afugentar a comunidade muçulmana da qual a menina fazia parte. E agora, entre as pessoas que protestavam nas ruas, havia aqueles que marchavam em apoio aos agressores. Tínhamos então machismo, castas, política, poder, tudo isso junto para tirar do mundo uma menina de 8 anos de idade – uma garotinha que tinha colocado o nome "Bonito" no seu cavalo.

O estupro de Kathua teve uma clara motivação política, mas, como todo estupro, continha mais de um elemento. Se tivesse sido apenas político, um dos homens não teria pedido aos outros que esperassem mais alguns minutos antes de matá-la, para que pudesse estuprá-la mais uma vez.

No passado, a polícia indiana resistia a abrir casos de estupro. Comigo, fizeram de tudo – e conseguiram – para evitar que eu manchasse a reputação de sua corporação ao relatar um estupro. Será que isso mudou com a nova abertura? Sem dúvida, há mais casos sendo relatados agora, mas uma coisa ainda é igual: a vítima continua sendo o fator menos importante.

Um administrador de orfanato feminino em Mumbai me contou que nos últimos anos, desde que o estupro se tornou parte das conversas no país, várias crianças têm sido trazidas ao orfanato após terem sido estupradas, geralmente por vizinhos ou parentes. Essas meninas não são órfãs. Seus pais, ansiosos por justiça, preenchem um boletim de informações preliminares na delegacia de polícia e, na mesma hora, perdem o controle do destino de suas filhas. A polícia prende os acusados de estupro, mas também tira as meninas da guarda dos pais. Agora, prossegue o administrador, "os pais ficam chorando – querem as filhas de volta. As crianças choram – querem voltar para casa. Como se o fato de terem sido estupradas não fosse o bastante, elas estão sendo separadas de suas famílias. A polícia pressiona, dizendo às famílias que se não prestarem queixa, o homem será libertado. As crianças terão que depor depois na corte".

Esse estranho fervor em resolver o problema de maneira dramática – prender os caras, enforcá-los, dane-se a racionalidade – é uma solução tentadora. Após o estupro e assassinato de Kathua, a Índia rapidamente aprovou uma lei ordenando a pena de morte para o estupro de crianças. Numa cultura com um sistema judiciário tão distorcido, uma sentença tão definitiva seria perigosa em qualquer caso. Além disso, pesquisas convincentes mostram que as sentenças de morte não desestimulam os crimes.[17] A par *disso*, a pena de morte é simplesmente um equívoco. Acredito profundamente em algo que escrevi numa coluna de jornal: "Aplicar neles a pena de morte seria degradante para todos nós".[18]

O relatório Verma é importante, assim como todos os filmes e todos os livros (incluindo este aqui, espero), e todas as acaloradas discussões públicas e privadas. Sem diálogo e sem comunicação, estamos de fato condenados.

De maneira similar, nos Estados Unidos e no resto do mundo, as revelações sobre Harvey Weinstein criaram um momento de catarse e de revelação de verdades. Com a campanha #MeToo, ficou impossível ignorar a abrangência do assédio sexual e do estupro, ao mesmo tempo em que fomos apresentados a alguns vislumbres repulsivos da cultura do estupro. Basta pensar no episódio dos republicanos escondendo-se por desespero atrás da Bíblia para justificar a história de um suposto assédio sexual por parte de um candidato a senador do Alabama. Ele não foi eleito, e nossas expectativas são tão baixas que ficamos até surpresos com isso. Celebramos sua não eleição, quando deveria ser regra que alguém com acusações de abuso sexual jamais pudesse ser eleito a um cargo nacional. Mas todos vimos homens e mulheres no noticiário dizendo o quanto o apoiavam. E a eleição foi muito disputada. Alguns eleitores culparam os acusadores do candidato por estarem fazendo uma política negativa. Eu quase pude sentir uma nuance de hipócrita superioridade moral na mulher que preencheu minha tela com seu rosto de expressão muito séria e disse: "Por onde essas senhoras andaram nos últimos quarenta anos? Gostaria de vê-las pedindo desculpas".

Uma das sobreviventes de estupro que falou comigo para este livro insistiu em dizer que não teria concordado em falar se não fosse para o #MeToo. "Sou muito grata ao movimento", disse ela. "Ele me deu uma voz." Ela não teria juntado coragem para falar sobre o próprio estupro, e falar sobre isso é o começo de um trabalho para melhor situá-la em sua vida. Se eu tivesse agora 17 anos, meu processo de recuperação depois de um estupro seria muito diferente. Não me sentiria tão sozinha.

O movimento #MeToo é importante, mas não é o único. As conversas que têm início nos Estados Unidos são sempre avaliadas de modo diferente. Fui a uma discussão de feministas que contou com a participação de Jac sm Kee, diretora do programa de direitos das mulheres da Associação de Comunicações Progressivas, uma instituição sediada na Malásia. Jac disse: "A internet tem a ver com a geografia. Não se trata apenas de um espaço, mas de um espaço específico". Ela está certa – porque, embora todos possam acessar a internet, pelo menos em tese, os Estados Unidos predominam em termos de conteúdo.

Ela deu o exemplo da Primavera Violeta, no México. Quem não é da América Latina provavelmente não terá ouvido falar dela, e é isso o que quero destacar. Em abril de 2016, dois escritores, um colombiano e um mexicano, abriram uma convocação pelo Twitter pedindo que mulheres fizessem postagens sobre assédio. Milhares se manifestaram, milhares marcharam pelas ruas, e a violência de gênero tornou-se parte do discurso nacional. No entanto, para muitos de nós, que vivemos ao norte dessa fronteira, o #MeToo foi o primeiro fenômeno desse tipo.

Isso não tira poder do movimento nos Estados Unidos e ao redor do mundo. Apenas vale a pena lembrar que o #MeToo não existe no vácuo. É parte de algo que já acontece em diferentes lugares. Foram necessárias muitas conversas, muitas reuniões editoriais, muitas discussões em salas de aula, muitas postagens nas mídias sociais, para criar o momento em que tudo isso explodiu, aparentemente a partir do nada. Definitivamente, não foi algo que surgiu do nada. Embora eu viesse acompanhando o movimento, só quando examinei com mais atenção é que percebi que ele não havia começado com um tuíte de uma celebridade no segundo semestre de 2017. Começou vinte anos antes, em 1997, quando uma menina de 13 anos contou a Tarana Burke, uma mulher negra, que havia sofrido abuso sexual. Burke ficou impressionada com a história. Dez anos mais tarde, fundou uma organização sem fins lucrativos para dar apoio a vítimas de agressões e assédio sexual. Ela também fundou um movimento e deu-lhe o nome MeToo. Uma mulher negra, que não era celebridade, distante de Hollywood, foi na verdade quem cunhou originalmente essa expressão hoje familiar.

Na Índia, no México, nos Estados Unidos, no mundo, esses momentos acontecem, e o estupro ou outras formas de violência sexual alimentam manchetes, discussões e momentos de tomar consciência, só que então... Então, a vida segue adiante, mas talvez com algumas diferenças tanto no nível pessoal quanto global. O #MeToo não vai acabar com o assédio sexual, nem em Hollywood, nem na loja de calçados da esquina, mas espero que as vítimas não se sintam tão abandonadas. Ou os agressores, tão inatingíveis. Agora, em muitas arenas, uma mulher que afirma ter sofrido assédio sexual, não importa o que venha a acontecer de fato, saberá que não é a única. Isso é poderoso. Do mesmo modo, espero que um número expressivo de homens, que talvez não deem a mínima para a falta de ética em abusar de alguém, irão hesitar, porque levarão em conta, sim, as possíveis repercussões.

Deve ser dito, no entanto, que embora muitas pessoas se sintam empoderadas pelas manifestações, em âmbito nacional, sobre a importância de falar e assumir a própria recuperação, jogar um holofote nem sempre aumenta o nível de conforto das vítimas. Se você foi bem-sucedida até agora em enterrar algo terrível que lhe aconteceu, é muito desestabilizador ser lembrada disso em cada festa que você vai e toda vez que liga a TV para ver as notícias. Após o #MeToo, os centros que lidam com emergências de estupro relataram um movimento maior.[19] Não é fácil ser lembrada a toda hora de algo que você fez muito esforço para colocar no fundo da mente. Mesmo que isso possa ser produtivo no longo prazo, é aterrador enfrentar algo quando você não está preparada para isso. Trazer as coisas para a luz do dia é, em última instância, bom para todos, mas pode ser terrivelmente difícil para as pessoas individualmente, quando não pega você num bom momento, ou se você não dispõe de ferramentas para lidar com isso. Sei de um homem, um alcoólatra recuperado, que entrou em parafuso quando o #MeToo ganhou evidência. Ele não havia contado à própria família que sofrera abuso sexual na infância, e os lembretes repentinos disso, que estavam por toda parte, foram demais para ele. Voltou a beber, e tem um caminho longo e difícil pela frente.

Vivi uma experiência similar na faculdade. Embora tivesse abertura suficiente para falar a respeito, na realidade acabei colocando minha experiência de estupro numa caixinha mental de coisas que simplesmente não acontecem no mundo real. Havia acontecido, mas lá no alto de uma montanha distante, num lugar afastado, e agora eu era uma estudante na linda Massachusetts. Vivia num mundo diferente, no qual não se aplicavam as mesmas regras e no qual eu estava segura. Até o dia 6 de março de 1983, quando Cheryl Araujo sofreu um estupro coletivo numa mesa de sinuca, num bar em New Bedford, Massachusetts[20] (a história dela mais tarde virou o argumento do filme *Acusados*, estrelado por Jodie Foster). De repente, o estupro estava a apenas 100 quilômetros, e não mais a 12 mil. Li a notícia nos jornais e virei uma completa covarde. Foi como se alguém tivesse me tirado todo o ar que me mantinha flutuando e colocado terror no lugar. Graças aos céus, pude contar com bons amigos.

Tinha que acontecer. Acredito que, no fim das contas, é positivo ter que encarar as coisas, mesmo que sejam horríveis. Mas sei o quanto pode ser difícil quando você não tem a chance de escolher quando e como irá encará-las. Todas as vítimas que, ao se depararem com o assunto "estupro" ganhando destaque na mídia, ouvem a gélida voz do passado sussurrando em seus ouvidos, merecem compaixão.

Além disso, é claro, como a mídia é tão falível e crédula quanto o resto de nós, muito do que lemos e ouvimos às vezes não é nada daquilo. Ou foi distorcido. Ou é uma visão subjetiva. Ou apenas perpetua velhos estereótipos.

Portanto, sim, temos momentos decisivos, e eles são muito importantes. Mas nunca são unidimensionais, são sempre difíceis, e sempre existem num contexto desordenado e confuso.

Momentos decisivos lançam sobre este ou aquele grupo, sobre este ou aquele país, sobre um evento ou outro. O problema dos holofotes é a escuridão em volta deles. Nos Estados Unidos, apesar de tudo o que se escreveu e falou, não temos muitos debates apaixonados, pelo Twitter, sobre os nativos norte-americanos terem mais que o dobro de chances de ser estuprados ou sofrer outros tipos de agressão sexual do que qualquer outra raça.[21] Na Índia, quando tentei falar sobre estupro com Mati, minha eterna amiga tribal, ela riu muito da ideia de que seria possível existir algum tipo de justiça, seja lá onde fosse. Na Nova Zelândia, as mulheres maoris têm o dobro de chances de serem abusadas sexualmente quando crianças do que mulheres de outras raças.[22] Na Austrália, os indígenas (aborígenes e habitantes das ilhas do estreito de Torres) suportam índices mais elevados de violência familiar e têm maior probabilidade de sofrer agressões sexuais na universidade.[23] Nos Estados Unidos, mais de noventa por cento das pessoas com deficiência de desenvolvimento sofrem agressões sexuais.[24] E assim por diante. Na maior parte do tempo, o resto de nós não tem consciência dos milhões de pessoas que não compartilham nossa língua, nosso acesso às mídias e nossos privilégios, que não lerão este livro e que não irão sair em passeata com *pussy hats** na cabeça reivindicando direitos sobre o próprio corpo. Jyoti Singh, a eleição de Donald Trump, o #MeToo, o estupro/assassinato de Kathua, os deputados do Reino Unido pedindo que parassem de trazer histórias sexuais de vítimas de estupro para a corte... Começamos a falar de estupro, e esses grandes momentos dramáticos são apenas os destaques principais de um discurso em andamento. São marcos de uma jornada muito longa em direção ao que uma pesquisadora e advogada, Catherine MacKinnon, chama de "deslocamento das placas tectônicas da hierarquia de gênero".[25] Conversas no café da manhã, tuítes aleatórios, histórias num trajeto do metrô – tudo isso faz parte da conversa, e tudo isso tem importância. Mas a conversa não inclui todo mundo, ainda não. Vamos continuar falando.

---

* Toucas cor-de-rosa de crochê ou tricô produzidas colaborativamente e usadas durante a Marcha das Mulheres de 20 de janeiro de 2017 nos Estados Unidos, um dia depois de o presidente Donald Trump assumir o cargo. [N.E.]

Sim, não, talvez

Confúcio, ele disse: garota com saia levantada corre mais rápido que homem com calça abaixada, né?

— Colin Dexter, *Último ônibus para Woodstock*

Homens têm medo que as mulheres riam deles. Mulheres têm medo de serem mortas pelos homens.

— atribuído a Margaret Atwood

SIM É SIM e não é não.
 Se fosse simples assim, este livro caberia numa ficha catalográfica. Mas aqui estamos nós, refletindo sobre o sentido do consentimento. É ao mesmo tempo muito fácil e muito difícil.
 A Blue Seat Studios criou um pequeno vídeo encantador, *Consent: It's Simple as Tea*[26] [Consentimento: é simples como o chá]. Ele usa figuras adesivas para ilustrar que o sexo é como uma xícara de chá. Se você jamais obrigaria alguém a tomar uma xícara de chá à força, por que iria obrigar alguém a transar? Se alguém diz que quer um chá, mas em seguida muda de ideia, depois de você já ter preparado o chá, por acaso você despeja o chá à força na goela dela? E assim por diante.

É uma ferramenta muito boa para crianças. Mas o sexo não é bem uma xícara de chá. Se você não estava a fim de tomar chá, mas acabou tomando por receio de ofender seu anfitrião, isso são boas maneiras. Se não está a fim de sexo, mas faz porque tem receio de ofender a outra pessoa (acontece com muita frequência!), isso já é algo bem diferente. Talvez não chegue a ser estupro, mas, de novo, talvez seja – afinal, o que teme que a outra pessoa faça se você disser não?

Um amigo meu foi a um bordel quando ainda não havia completado 20 anos. Tivera poucas experiências sexuais e queria expandir horizontes. Entrou todo decidido e pagou. Uma mocinha muito doce e aparentando ser bem jovem levou-o até um quartinho. "Sentamos os dois na beirada da cama", ele me contou, "e eu não sabia o que fazer. Ela ficou só olhando pra mim. Então, eu falei: 'Tire a roupa'. E ela disse: 'Não'".

"E aí?", eu perguntei.

"Eu não sabia o que fazer. Será que devia forçá-la? Ela disse não! Eu falei, tudo bem. Então ficamos um tempo deitados um do lado do outro, o tempo se esgotou e eu fui embora."

Isso faz todo o sentido para mim. Sim, ele pagou por sexo. Mas, se ela não quis tirar a roupa, ele não tinha o direito de arrancá-la. Poderia ter pedido o dinheiro de volta, mas foi correto ao não forçar. É óbvio para mim, mas muita gente pode achar que, por ele já ter pagado, ela seria dele, e então ele poderia fazer o que quisesse.

Ser uma profissional do sexo não significa que você merece ser estuprada. Ser uma esposa também não. De novo, sua capacidade de consentir depende de quem você é, e de onde você está. No Canadá, estuprar a esposa é crime (exceto se você estiver diante do juiz da Suprema Corte, Robert Smith, que julgou que, se o homem *não sabe* que é ilegal obrigar a esposa a ter relação, então ele não é culpado).²⁷ Na Índia, em Gana, na Jordânia e em numerosos outros lugares, a partir do momento em que uma mulher é casada com um homem, ela transfere os direitos sobre a própria vagina (e o resto de seu corpo) ao marido.²⁸ Não deu consentimento? Não tem problema. A lei diz que casamento significa acesso pleno, não é preciso nem perguntar nada. No Kuwait, se você estupra uma mulher sem ser casado com ela, basta se casar com sua vítima e se livrar de problemas.²⁹ Felizmente, governos ao longo da Ásia Ocidental estão percebendo o quanto essas leis são desumanas. Casar para que o estupro fique renomeado como um ato de fazer amor se parece mais com sadismo patrocinado pelo Estado do que com justiça criminal. E não vamos cair na armadilha muito comum de colocar apenas o mundo muçulmano como vilão. Na Itália, o Artigo 544 do Código Penal também permitia que o estupro fosse cancelado pelo casamento. Isso vai direto ao cerne do verdadeiro sentido do consentimento, e define a quê você está realmente dando consentimento. Segundo o Artigo 544 (que ficou famoso na década de 1960 quando Franca Viola, uma garota, se recusou a se casar com o homem que a havia raptado e estuprado), a violência sexual é um crime contra a moralidade, não contra um ser humano. Isso significava que podia ser reparado pelo casamento. Tente imaginar isso – você achar que pode apagar toda a energia ruim causada pelo estupro simplesmente indo a uma igreja e tendo um *matrimonio riparatore* com seu estuprador. Essa lei foi finalmente abolida em 1981.

Agora que os heterossexuais não são mais os únicos com permissão legal de se casar, o que está sendo adotado em mais e mais países, será interessante observar de que modo as leis sobre estupro irão evoluir. Será que os homens terão permissão de estuprar seus maridos? Ou teremos outra dinâmica de poder com a mudança da dinâmica de gênero?

Eu fui rodeada por quatro homens que ameaçavam, com armas, matar não só a mim, mas a uma pessoa querida. Eles obrigaram o rapaz a arriar a calça, encostaram uma faca nele e disseram que iriam castrá-lo e matar nós dois se eu não parasse de resistir. Então parei. Eu "deixei" que me estuprassem. Eu "escolhi" o estupro em vez da morte. Algumas pessoas podem chamar isso de consentimento. Harvey Weinstein e vários outros chefões de Hollywood, segundo se alega, ameaçaram envergonhar mulheres ou arruinar suas carreiras se elas não cedessem.[30] Mas isso significa que elas consentiram? E se um deles ou os dois estivessem bêbados? Kim Fromme, uma especialista em amnésia alcoólica, comparece regularmente a tribunais como testemunha especializada para dizer que é possível consentir quando a pessoa tem uma amnésia alcoólica.[31] Mas, de acordo com esse ponto de vista, você não seria competente para dirigir um carro ou operar uma máquina, mas seria totalmente competente para consentir que alguém fizesse sexo com você!

É tudo muito confuso. De repente, o axioma "sim é sim e não é não" começa a ficar nebuloso. As exceções são muitas, tanto nas leis quanto nas nossas mentes.

Vanessa Grigoriadis, que escreveu *Blurred Lines: Rethinking Sex, Power, and Consent on Campus* [Linhas indefinidas: repensando sexo, poder e consentimento no *campus*], declarou numa entrevista:

> Na realidade estamos falando de um novo padrão de sexo consensual. É nesses termos que falamos agora de agressão sexual. Sempre me ensinaram que estupro tem a ver apenas com poder, e não com sexo. Mas não, não nessa área. Não no

tipo de agressão sexual do qual estamos falando. Nós temos realmente que falar sobre o sexo em si, e sobre a maneira que está sendo praticado pelos pós-adolescentes, e entrar nessa conversa que ninguém realmente quer ter, a fim de promover algumas mudanças substanciais nisso, porque os programas de orientação que estão sendo levados adiante francamente não funcionam... Nunca se meta a escrever um livro sobre estupro. Essa é a minha dica número um.[32]

Algumas universidades americanas definiram linhas gerais sobre o "consentimento afirmativo". Isso soa muito bonito, mas quantos jovens por volta dos 20 anos irão sentar previamente para discutir os detalhes do que irão fazer, ou de como poderiam fazê-lo e, mais ainda, o quanto será que estão dispostos a fazer isso? O sexo nem sempre funciona assim, não importa qual seja sua idade. Podemos e devemos falar com nossos filhos sobre terem certeza de que estão participando de sexo consensual, mas, por mais que se elaborem discursos, eles não podem substituir o respeito mútuo. Sim, pergunte, e tente perceber sinais, e guarde seu pau dentro da calça até ter muita, mas muita certeza; no entanto, no final das contas, você tem é que se importar. Tem que se importar com as vontades e os sentimentos da outra pessoa.

E com os desejos dela. Jaclyn Friedman, uma educadora especializada em consentimento sexual em Massachusetts, é quem faz as considerações mais sábias em relação a isso, captando o verdadeiro valor de avaliar bem o consentimento: "O consentimento afirmativo muda a moralidade no cerne das interações sexuais".[33]

Vamos considerar, de cabeça baixa, envergonhados, o nível mais raso em que é possível definir "consentimento". Consentir o quê? Que o homem tenha um orgasmo e a mulher permita? Que uma presidiária se submeta a um guarda para conseguir proteção contra um abuso maior? Que uma senhora com demência senil não ofereça resistência ao ser bolinada por um enfermeiro cuidador? Esse é um padrão muito pobre. Sexo tem a ver com prazer e alegria, para ambos (ou para quantos tomarem parte na ação), enfim, para os que se dispõem a participar. É isso que deve ser almejado! Orgasmos femininos definitivamente não desempenham um papel importante nas conversas sobre consentimento na Índia. Na realidade, o "consentimento" com frequência não tem um papel principal nas conversas sobre sexo, e certamente não quando se trata de definir a violação sexual. Madhumita Pandey,[34] uma doutoranda da Universidade Anglia Ruskin, no Reino Unido, passou anos conversando com condenados por estupro no famoso Presídio Tihar, em Déli. Entrevistou mais de cem homens. No início, ela os encarava como monstros; no final, passou a vê-los como humanos. Eram pobres, haviam sofrido maus tratos, sido oprimidos pelas circunstâncias, vítimas de injustiças de casta, de classe, econômicas (mas, por favor, note que as garotas que vivem na pobreza, e que também lidaram com todas essas questões e com misoginia, não saem por aí estuprando ninguém para aliviar suas frustrações). Eram apenas homens comuns com valores comuns, e sem nenhuma noção de consentimento. A maioria deles sequer pensava em seu crime como estupro. Sem dúvida, a população pesquisada não era típica – focava apenas os homens mais desprivilegiados, os únicos que acabam indo presos por cometer estupro na Índia. Mas muitos homens, cuja riqueza e poder os tornam imunes à punição, compartilham os mesmos valores.

Jaclyn Friedman escreve:

> O princípio básico no cerne do consentimento afirmativo é simples: cada um de nós é responsável por certificar-se

de que nossos parceiros sexuais estejam realmente sintonizados com o que quer que esteja acontecendo entre nós. Considerando que seres humanos decentes só aceitam ter sexo com pessoas que estejam na mesma sintonia, isso não deveria ser difícil. Mas se você foi criado para ver o sexo como uma batalha entre homem e mulher, ou como uma negociação na qual os homens "obtêm algo" e as mulheres "abrem mão disso" ou "guardam" para o casamento, talvez ainda veja isso como uma ideia surpreendente, como se estivesse sendo sugerido a uma pessoa que ela pode respirar algo que não seja o ar [...]

Na ausência de uma educação sexual abrangente, baseada no prazer, acabamos dependendo da mídia e de outras instituições culturais para modelar como o sexo deve ser. Independentemente de você tentar preencher essas lacunas voltando-se aos defensores da abstinência, à corrente principal da cultura popular ou à pornografia gratuita pela internet, o mais provável é que acabe com uma ideia incrivelmente estreita e falida de como funciona o sexo, uma ideia que coloca os homens como protagonistas sexuais, as mulheres como as (in)felizes receptoras do desejo dos homens, e a comunicação do consentimento como algo letal tanto para o tesão quanto para o romance [...]

Ensinar o consentimento afirmativo na realidade faz algo profundo: muda o padrão moral aceitável do sexo e deixa muito mais claro para todo mundo quando alguém viola esse padrão [...] Consentimento afirmativo, quando bem ensinado, também retira os pressupostos heteronormativos da educação sexual. Quando os dois se responsabilizam igualmente por se certificarem de que o parceiro está igualmente animado em relação ao que está acontecendo, os estereótipos de gênero a respeito da sexualidade – como o que diz que as mulheres são passivas e os homens, agressivos – começam a cair por terra [...]

Educar para o consentimento faz outra coisa transformadora: diz às garotas que o sexo é para elas.[35]

De que modo ensinamos o consentimento a nossos filhos, parceiros e a nós mesmos? O consentimento sequer chega a ser um problema em muitas situações. Os homens que me estupraram teriam me estuprado de qualquer forma, e minha única escolha foi entre viver e morrer. Mas a maioria de nós, como seres sexuais, vive situações ambíguas. E aqueles de nós curiosos a respeito de como transitar por essas confusas correntes de sim/não/talvez podem obter ajuda num lugar interessante: a comunidade BDSM.

BDSM refere-se a *Bondage* e Disciplina, Dominação e Submissão, e Sadismo e Masoquismo entre adultos com mútuo consentimento. Espere aí, não fuja correndo! Lembre-se, eu disse *adultos com mútuo consentimento*. "BDSM é uma cultura estruturada, disponível a humanos adultos, que jogam com e exploram dinâmicas de poder de maneiras eróticas", é o que me explica Tina Horn. "Você pode mostrar que se importa com alguém espancando essa pessoa com gosto – se ela desejar isso."

Tina Horn tem um *podcast* na internet chamado *Why Are People Into That?!* [Por que as pessoas fazem isso?!]. Ela é jornalista, profissional do sexo, educadora sexual e pornógrafa. Trabalhou como *dominatrix* muitos anos em várias cidades dos Estados Unidos. Embora eu não tenha o menor desejo seja de espancar, seja de ser espancada, realmente acho que ela expressa um ponto importante no que se refere a respeitar os desejos de outras pessoas, sobre o simples ato de ouvir o outro. Mesmo que você não sinta atração por roupas de couro e chicotes, há algo a ser aprendido de uma subcultura que valoriza a estrutura e a negociação. Não é algo particularmente complicado: se você foi criado achando que as suas necessidades é que são a prioridade, então é menos provável que preste atenção ou que se importe com o que seu parceiro sente. O BDSM, na realidade, reflete alguns dos melhores aspectos do consentimento afirmativo: antes de se entregar à atividade do prazer, você checa tudo com seu parceiro. Vocês entram em acordo em relação ao que estão fazendo, como, por exemplo, sinalizar quando você quer parar e como captar esse sinal. O sexo é mais divertido quando vocês estão nele juntos. Estar afinado com seu(s) parceiro(s) não tira o mistério: *au contraire*, faz com que se torne uma aventura conjunta atraente.

Tina acredita que teríamos uma sociedade mais saudável se o BDSM fosse desestigmatizado. Eu acho que teríamos uma sociedade sexualmente mais saudável se o *sexo* fosse desestigmatizado: se as mulheres parassem de se sentir mal por ter desejo, e os homens parassem de se sentir plenamente autorizados. Quando digo "sentir-se plenamente autorizado" quero dizer que o sexo consensual não é como uma viagem de trem – isto é, comprar o bilhete não significa que você tem o direito de ir até o final do trajeto. Um monte de gente, desde estupradores a pais e autoridades, parece não entender isso. Em 2017, um juiz da Califórnia rejeitou a acusação contra um aluno de faculdade de 20 anos suspeito de estuprar uma colega.[36] O juiz levou em conta vídeos que mostravam a mulher acompanhando o homem até a saída de uma casa noturna e deixando-o entrar no quarto dela. Isso, segundo o juiz, mostrava que ela era a iniciadora.

E daí? E daí se a iniciativa foi dela? Se ela estava bêbada, ou mudou de ideia depois que os dois já estavam no quarto, ou mudou de ideia com os dois nus e ele já de camisinha – se mudou de ideia em qualquer ponto da história e ele fez que não ouviu, então foi nessa hora que ela parou de consentir. Não há um bilhete garantindo a viagem até o fim da linha.

Às vezes uma mulher, de fato, diz sim, mas isso não torna o encontro menos abusivo. Quando Sanjana me contou que havia sido estuprada na infância por um garoto adolescente, que ela adorava como um herói, disse que gostava de receber atenção dele e quis explorar sua sexualidade florescente. Quando ele finalmente a forçou a ter relação, ela ficou preocupada e relutante, mas "você fica mal de dizer não a um amigo. Eu só quis ser educada!". Então ele a estuprou. Ela não disse não, ela não disse sim, ela não queria fazer; era uma criança, e ele era grande e forte.

Nós acabamos falando sobre consentimento como se tudo se resumisse a uma pessoa dizer sim a outra. E embora essa seja a última fronteira, eu penso muito no consentimento institucionalizado. Para se manifestar, o abuso tem um percurso intrincado. Por exemplo, na Índia, as sogras costumam ter um imenso poder. Há muitos casos de assassinato de esposa em que foi a sogra que fez as exigências de dote, foi a sogra que despejou querosene na esposa atormentada e foi ela que ateou fogo. É complicado examinar a interferência das mulheres num sistema de abuso, mas é preciso fazer isso.

O sistema de dotes na Índia, as leis homofóbicas na África e no Caribe, o poder desenfreado de líderes espirituais, sejam gurus, rabinos, imãs, pastores – há todo um elenco de fatores que enseja o abuso. E raramente importa o que a mulher, individualmente, diz ou não diz. A rede de conivências e cumplicidades em Hollywood, que veio à luz de maneira chocante durante a campanha #MeToo, é outro exemplo de consentimento institucionalizado: você sabe que vai conseguir escapar porque o sistema inteiro é montado para ajudá-lo a se safar. Esse é um exemplo gritante, porque envolve estrelas de cinema e roupas de grife, mas nem por isso é menos real, menos ameaçador ou menos horrível para as vítimas. É um exemplo rarefeito de um sistema montado para sustentar e tolerar o abuso. Uma amiga confidenciou-me que está tendo dificuldades em sentir pena das atrizes famosas que vêm a público revelar que foram abusadas por homens poderosos. "Elas fizeram a escolha de ficar quietas", ela disse. "Elas concordaram com isso, conseguiram o que queriam, e agora estão abrindo a boca."

"Mas por que você está pensando apenas nas escolhas *delas?*", eu quis saber. "E sobre as escolhas que os homens fizeram?"

Com muita frequência tendemos a falar das vítimas, acusando-as de terem aceito, de tirarem partido ou de terem ficado paralisadas após o estupro. Ou seja, se elas não deram um pulo, apunhalaram o homem e saíram correndo agarrando as roupas para cobrir as partes íntimas, então elas consentiram.

Dizer "mas ela consentiu!" é apenas uma das milhares de formas que arrumamos para sair logo pondo a culpa na vítima. Certo, temos escolhas. Escolhemos entre ser humilhadas agora e ser humilhadas mais tarde, entre usar saia curta e usar saia comprida, escolhemos ir embora ou ficar. Escolhemos dizer "sim" por ser simplesmente mais fácil do que dizer "não", pelo menos naquele momento. Nenhuma dessas escolhas equivale a consentir.

Além disso, escolhemos culpar umas às outras – talvez por misoginia, talvez simplesmente por medo – e, ao fazer isso, esquecemos que tem mais alguém na jogada, que também pode fazer escolhas: um homem, que pode escolher entre a decência e a dominação.

Você esperava o quê?

O que será que eu tenho que as outras pessoas fazem questão de me tratar desse jeito?

— Audrey, Central Park, Nova York, 2017

AUDREY É BRITÂNICA, tem 30 anos de idade e um casamento feliz, e é mãe de um filho pequeno. Ela não encara sua felicidade como algo natural: trabalhou duro para conquistá-la. Há seis anos, foi estuprada por quatro homens na Itália.

"Eu tinha 24 anos de idade. Estava em Roma havia quatro anos. Era jovem, tinha arrumado meu primeiro emprego; estava superanimada, conhecendo um monte de gente nova. Eu saía muito. Uma noite encontrei com amigos numa casa noturna da moda, meio barra pesada. Bebi muito. Não me lembro dos detalhes. É tudo meio confuso: a casa noturna, as cores, as pessoas.

"Na manhã seguinte, acordei muito enjoada. Estava pelada, num lugar estranho. Havia uma pessoa simplesmente olhando pra mim, meio com cara de nojo. Tive um desejo opressivo de ir embora. Perguntei ao cara onde estávamos e ele me deu o endereço daquele apartamento. Eu só queria sair dali.

"Era de dia. Eu estava desorientada, confusa. Era estranho passar pelas pessoas na rua. Fui para casa. Era domingo de manhã. Primeiro, tomei um banho, e depois dormi durante várias horas.

"Eu estava com uma sensação muito ruim, mas não conseguia explicá-la. Um dos amigos daquela noite me mandou uma mensagem, e eu respondi: 'Os homens são muito imbecis', mas não sabia por que estava dizendo aquilo.

"Na segunda-feira, encontrei um conhecido, que comentou que uns amigos dele estavam se vangloriando do que haviam feito com uma garota. Percebi que a tal garota era eu! Reagi e disse que eles não podiam ter feito aquilo. Ele disse: 'Você estava bêbada numa casa noturna; esperava o quê?'. Me senti muito mal. Envergonhada por ter bebido demais. Constrangida só de pensar que talvez tivesse me insinuado. Humilhada. O que será que eu tenho, que as outras pessoas fazem questão de me tratar desse jeito?"

Audrey estava tão bêbada que nem lembrava como tinha saído da casa noturna, ou com quem estava. Pela lei italiana, era alguém incapaz de dar consentimento. Mas isso não impediu que ela se culpasse. Por que ela? Por que, de todas as mulheres daquele bar, justamente ela havia sido a escolhida?

Apesar de seus sentimentos de culpa e de se achar responsável, levou os agressores aos tribunais, depois que a polícia conseguiu localizá-los por meio daquele seu conhecido. Ela precisou esperar quase um ano pelo julgamento final. Apesar de todo o apoio amoroso da família e dos amigos, "Senti um peso esmagador durante aquele ano inteiro. Em Roma, eu olhava os trilhos do metrô e pensava, *entendo as pessoas que pulam aí*".

Ela encontrou seus agressores no tribunal. "O sentimento que eles me despertaram foi de *disprezzo* – desprezo." É significativo que o caso só tenha chegado ao sistema judicial porque os estupradores ficaram se gabando do que haviam feito para um amigo. Estavam triunfantes e orgulhosos de terem se aproveitado da vulnerabilidade de uma mulher (ela tem certeza de que eles haviam facilitado as coisas drogando-a), e também tinham certeza de que isso era algo que merecia ser alardeado e que não teria consequências. Não é nada incomum: trata-se apenas de estupradores muito satisfeitos consigo mesmos e que precisam compartilhar sua glória.

O caso não avançou. O juiz disse que eles eram homens normais e, portanto, não podiam ser criminosos. Audrey era uma moça sexualmente ativa antes daquela noite, portanto não havia sido estuprada. Uma amiga a quem ela expôs esse raciocínio ficou tão pasma quanto espero que você tenha ficado, cara leitora ou caro leitor. Ela disse: "Isso não faz sentido – se você fez sexo antes, tudo o que isso prova é que você tem noção do que é dar seu consentimento! Você já tinha feito sexo antes, mas nunca havia sido estuprada".

Audrey me contou, "O juiz disse que não havia 'provas suficientes de ausência de consentimento', e que, portanto, o caso deveria ser encerrado. Ele endossou a posição sustentada pelo advogado de defesa, que já havia sido expressa inicialmente pelo promotor público. Ou seja, todos eles inferiram que, pelo fato de eu ter o hábito de frequentar casas noturnas na época, e por não ser virgem, era razoável pensar que tinha havido consentimento, apesar de eu ter declarado estar bêbada demais para isso e de os homens alegarem estar sóbrios.

"Além disso, flutuava por ali aquela ideia de que 'homens vão sempre agir como homens'. Aqueles jovens não tinham antecedentes criminais – sim, o que eles haviam feito não era nada louvável, mas será que a gente queria mesmo mandá-los para a cadeia? Seria uma pena. Isso não ficava totalmente explícito, mas era evidente no que o juiz escolheu enfatizar ao explicar sua decisão: antes de mais nada, por que eu havia saído do bar com os homens? Outra coisa: eu não tinha ido imediatamente à polícia depois de acordar naquele apartamento estranho – se tivesse mesmo sido estuprada, ele argumentava, por que não saíra correndo dali como um morcego para ir dar queixa do crime? Na realidade, não havia passado muito tempo. Fui ao hospital assim que me dei conta do que tinha ocorrido. A polícia veio me procurar no dia seguinte. Infelizmente, era tarde demais para testar o nível alcoólico do meu sangue ou a presença de drogas para estupro,* mas foi tempo suficiente para que eu pudesse ordenar meus pensamentos e perceber que algo tinha dado terrivelmente errado. Sempre achei injusta essa expectativa de que a pessoa reporte o crime instantaneamente, ainda mais na minha situação, em que eu não fazia ideia do que acontecera, embora com certeza me sentisse horrivelmente mal e tivesse passado o dia seguinte dormindo e chorando."

Depois de um tempo e de bastante terapia, Audrey encontrou paz, em certa medida. "Eu não apaguei isso, mas coloquei em outros termos", explica. Ela não acha mais que foi a causa do próprio estupro, e criou uma vida nova

---

* As chamadas drogas para estupro – GHB (ácido gamahidroxibutírico) e o rohypnol (flunitrazepam), que têm também outros nomes populares, são medicamentos usados para deixar a pessoa inconsciente e facilitar o estupro. [N.T.]

e plena para si. "Eu não queria que aqueles quatro idiotas controlassem minha vida."

Se você tem sua bolsa roubada numa rua escura e deserta, pode se torturar por ter ficado até tarde fora de casa, ou por carregar dinheiro demais na bolsa, ou não ter estado mais atenta, mas provavelmente não vai sentir que merecia ter sido roubada e apanhado, e quase com certeza irá se ver como vítima e a pessoa que a assaltou, como criminoso. Com a agressão sexual, essa fórmula não funciona. Uma advogada de Montana, Lisa Kauffman, defendeu um cliente, que teria estuprado uma menina de 13 anos de idade, paciente de um centro de recuperação de dependentes de drogas para adolescentes, dizendo que a garota era "sedutora".[37] Usar saia curta, usar maquiagem, saber dirigir, deixar seu *hijab* em casa. Ter nascido mulher. Somos culpadas por tudo isso e muito mais; então, é claro que acabamos internalizando esse sentimento.

Sei que boa parte da confusão deriva de atitudes machistas e de normas culturais. Mas acho que há outro aspecto que explica a facilidade com que nos culpamos por eventos terríveis. Tem a ver com esta palavra familiar: controle. E se for esse o caso, então culpar-se um pouco não é necessariamente algo patológico. Talvez seja um mecanismo para lidar com isso.

Strong Island [Ilha forte] é um filme sobre o assassinato de um jovem afro-americano, William Ford Jr. O cineasta, Yance Ford, é irmão da vítima. Ele fez história em 2018 como primeiro diretor trans a ser indicado para o Oscar. Num trecho do filme, falando sobre como se culpa, ele coloca uma nuance interessante no peso que carrega:

> A loucura é que a morte do meu irmão iria me deixar doido se eu não fosse capaz de me responsabilizar pelo menos por

Uma mulher entra numa loja de material de construção. Isso parece o começo de uma piada, mas na realidade é a cena inicial de um dos vídeos[39] da campanha *It's On Us* [Cabe a nós] para demonstrar o quanto algumas das nossas justificativas para o estupro são irracionais.

Continuando, uma mulher anda por uma loja de materiais de construção. Ela vê uma fileira de privadas à venda, suspira aliviada, senta numa delas e começa a fazer xixi. O vendedor vem correndo, horrorizado, e pede que ela pare com aquilo. "Não dá pra parar", diz a mulher. Ele ameaça chamar o guarda. "Cara, qual é o seu problema?", diz ela, continuando a fazer xixi. "Eu entrei aqui com uma urgência biológica que não dava mais para controlar, você tem todas essas privadas expostas... E aí fica chocado porque eu sento aqui numa delas e deixo a natureza seguir seu curso? Fala sério!". Ela termina, endireita-se e sai, com uma última observação: "Da próxima vez, vê se presta mais atenção".

É engraçado, sem dúvida, quando se trata de uma mulher fazendo xixi numa privada exposta numa loja. Não tão engraçado quando você pensa nos milhões de homens no mundo que justificam o estupro dessa maneira, e menos engraçado ainda quando você pensa nas maneiras como culpamos as vítimas, e elas se culpam.

Quando Alexa contou à mãe que o ex-namorado entrara de repente no quarto dela no alojamento, a jogara em cima da cama e a estuprara, a mãe disse: "O que você achou que fosse acontecer?".

Quando Audrey contou ao seu conhecido que era ela a mulher da casa noturna que os amigos dele haviam levado para o apartamento e estuprado, ele disse: "E você esperava o quê?".

Cheryl estava no segundo ano do colegial quando foi estuprada por um garoto do time de futebol da escola. Ela foi até a casa dele para estudarem juntos, e ele a estuprou. Dias depois, ela foi ao médico, com infecção urinária. O médico sabia o que havia acontecido, mas era médico do time de futebol e acobertou a história. "Era uma conspiração de cidade pequena", Cheryl me contou com naturalidade. "Eu dei algumas dicas para a minha mãe sobre o que tinha acontecido. Minha mãe a essa altura não tinha condições de dar conta de nada. Estava em meio a um divórcio. Eu não quis falar sobre isso na igreja, onde todo mundo me conhecia e conhecia o rapaz. As pessoas já me viam como uma menina esquisita, então, como iam acreditar em mim? Eu era bipolar e hipoglicêmica, mas ninguém sabia o que realmente havia de errado comigo. E para piorar isso tudo, vivíamos numa cidadezinha do centro-oeste."

Anos mais tarde, os caminhos dos dois se cruzaram de novo, na Califórnia.

"Eu peguei uma pasta na minha mesa de trabalho e o nome dele estava nela. Contei ao meu chefe o que havia acontecido anos atrás. Meu chefe perguntou o que eu queria fazer. Fiquei no maior conflito. Eu tinha outro colega que me dava muito apoio, e eu namorava um cara incrível. Assumi uma atitude do tipo "Esperem só para ver", e então fui trabalhar vestida na maior produção. No elevador, lá estava ele. Eu disse: 'Bom dia!'. Ele perguntou: 'Você não é a...?'. Eu disse que sim. Trocamos algumas frases feitas, e então saí do elevador no meu andar. Depois fui almoçar e tomei um Bloody Mary, ou uns três. Foi realmente empoderador!"

Aos poucos, o estupro havia perdido o foco. Cheryl credita isso ao tempo e ao apoio de pessoas ao redor dela que não a culpam pelo que aconteceu. "Acho que estou me recuperando. Eu ainda não gosto que fiquem pegando muito em mim. Mas você chega num ponto em que não deixa mais que isso a afete. Eu culpei a mim mesma durante um tempo, depois simplesmente disse não. Não aprovo mais isso."

Já falei de Busisiwe, que foi estuprada aos 9 anos. Ela um dia quis muito ir à igreja com uma amiga no sudeste da África do Sul. A mãe não queria deixar, mas finalmente cedeu. Quando elas chegaram à igreja, a missa já tinha terminado, então foram para a casa da amiga assistir a um pouco de TV. A amiga acompanhou Busisiwe a maior parte do caminho até a casa dela. Quando Busisiwe estava completando o resto do trajeto a pé, sozinha, um homem apareceu na frente dela perguntando se ainda havia alguma loja aberta àquela hora. Ela disse que não. Ele pediu que ela o ajudasse a encontrar uma loja aberta. "Eu disse: 'Não tem mais nenhuma loja aberta. E tenho que voltar pra casa, senão minha mãe vai me bater'. Ele chegou mais perto, me agarrou e tampou minha boca. Eu não conseguia nem gritar, nem tirar as mãos dele de mim. Entramos numa casa em construção e ele me estuprou."

Mais tarde, depois que um estranho se dispôs a acompanhá-la à casa dela, "minha mãe gritou comigo e ficou me xingando". Foi o pai que arrumou um carro para levá-la até o posto médico. A mãe não apareceu para lhe dar apoio, mesmo depois que os testes mostraram que ela havia contraído HIV com o estupro. Ela insistira para que Busisiwe não saísse aquele dia; Busisiwe esperava o quê?

Quando um setor legislativo do Egito, o Conselho Shura, foi questionado a respeito da onda de agressões sexuais sofridas pelas mulheres durante a Primavera Árabe, o general Adel Afifi, do Conselho, disse: "As mulheres contribuem cem por cento para o estupro, pois elas se colocam nessas circunstâncias".[40] E aqui estamos nós no século XXI, rodeados de milagres dos quais somos os autores. Descobrimos como ver um ao outro em telinhas que a gente carrega no bolso. Descobrimos como fazer o coração de alguém de 17 anos de idade bater no peito de outra pessoa de 60. Como rastrear borboletas-monarcas de Manitoba até Michoacán. Como mapear galáxias que nem conseguimos enxergar. Como espécie, somos impressionantes. Então, por que é tão difícil descobrir onde é que você deve e onde não deve pôr o seu pênis? Ou compreender que ninguém pede para ser estuprado?

Ah, por favor

Eu me sentia uma mendiga.
Como se fosse uma pária imunda.
– Dulcie, estuprada quando criança

QUANDO COMECEI a escrever este livro, não tinha ideia do tsunami #MeToo que me aguardava virando a esquina. Tenho observado, lido, ouvido, com espanto e com orgulho, mulheres ao redor do mundo virem a público para partilhar suas histórias, em busca de paz e justiça. Larry Nassar teve contato com centenas de meninas e jovens mulheres por questões relacionadas ao esporte. Muitas das ginastas americanas que temos visto e aplaudido nas Olimpíadas estiveram sob seus cuidados, sob os auspícios da Universidade Estadual de Michigan e do Comitê Olímpico dos Estados Unidos. Ambas as organizações foram informadas de múltiplos exemplos de abuso sexual, mas não tomaram nenhuma medida.[41] A primeira queixa contra Nassar foi apresentada há mais de vinte anos – em Michigan, em 1997.[42] A carreira dele continuou a prosperar e lhe deu muitas oportunidades de continuar cometendo crimes sexuais. Ele era um predador com suas clientes. Era um predador com a filha de 6 anos de idade de um amigo. Com quem quer que encontrasse. Causou danos em centenas de meninas e mulheres, e também em pelo menos um jovem, e sempre soube, repetidas vezes, que poderia continuar com aquilo... Até que um dia não foi mais possível. Em 2016, foi indiciado por acusações de pornografia no âmbito federal. Meninas e mulheres começaram a vir a público, e em janeiro de 2017 a juíza Rosemarie Aquilina, do 30º Tribunal de Circuito do Condado de Ingham, Michigan, condenou Nassar a uma sentença que em princípio variava entre 45 e 65 anos de prisão.

Ela também fez outra coisa. Encorajou as vítimas de Nassar a se manifestarem durante a audiência. Começou com umas poucas, que viraram dezenas, e acabaram sendo mais de 150, e o mundo assistiu, perplexo, a jovens mulheres vindo a público, uma por uma, para enfrentar seu molestador e detalhar o que havia acontecido entre ambos. Foi impressionante, horrível, lamentável e muitíssimo comovente. A juíza Aquilina chamou as sobreviventes de "super-heroínas".[43]

Bem, nem todas as mulheres são super-heroínas, por isso vamos manter as coisas como são na realidade, lembrando todos os disparates que também emergiram nessa época. Por exemplo, o pequeno pacote de autodepreciação que veio da França, com cartas de ícones como Catherine Deneuve,[44] tendo apoio de acadêmicas como Agnès Poirier, que pediu às feministas norte-americanas que odeiam homens para manterem suas pequenas e detestáveis ideias longe das francesas, pois estas têm uma "harmonia" em seus relacionamentos com homens e gostariam de preservá-la.[45] Bem, digam isso aos 53% de mulheres francesas que relataram ter sofrido assédios ou agressões sexuais.[46] Ou, outro exemplo: um artigo de opinião do *Washington Post*[47] pedindo às mulheres que fossem razoáveis, no qual a autora nos informa que os homens continuarão sendo homens. Ela nos assegura que o patriarcado nunca lhe fez nada de mal. Sorte dela. Ela nos recomenda voltar a conduzir nossos assuntos como sempre, antes que mais carreiras masculinas de valor sejam destruídas.

Quanto a essas valiosas carreiras masculinas e todas as coisas maravilhosas que iremos perder ao derrubar grandes homens, acho que nossas mentes estreitas sequer são capazes de compreender tudo o que poderíamos ganhar se as mulheres fossem livres para se desenvolver sem medo.

Existe uma pequena corrente subversiva que com frequência se insinua em qualquer discussão sobre o fato de as mulheres irem a público e terem mais espaço para expor suas histórias de violência sexual. É uma corrente insidiosa que já nos sufocou por tempo demais. Eu a chamo de Sinuca de Bico do Estupro. Ela assume a seguinte forma: se você fala, você é uma vítima indefesa procurando despertar compaixão. Se você não é uma vítima indefesa, então o que aconteceu não foi tão horrível assim, e, nesse caso, por que falar sobre isso? Se você vem sobrevivendo e levando sua vida, por que arruinar a vida de um pobre homem? Ou foi uma coisa séria, e então você está perdida, *ou* não foi nada tão sério assim e você deveria ficar quieta.

Dê uma olhada nos vídeos das vítimas de Nassar se manifestando, e duvido que possa chamar qualquer uma delas de vítima indefesa. Na hora em que abrimos a boca, na hora em que dizemos "Isso aconteceu comigo. Eu estou aqui na sua frente, viva", deixamos de ser vítimas. Portanto, continuo coçando a cabeça quando vejo mulheres, e homens, insistindo em se apegar à Sinuca de Bico do Estupro.

Quanto à afirmação de que a franqueza das mulheres arruína a vida de homens (e tenha em mente, por favor, que a maioria dos sobreviventes do mundo – homens, mulheres, pessoas não binárias, héteros, gays, jovens, velhos – ainda está em silêncio, ainda está sozinha, mantendo seus terríveis segredos), bem, vamos encarar a realidade. Predadores sexuais merecem o devido processo, não têm por que merecer uma imunidade abrangente das acusações, não mais do que qualquer outro tipo de criminoso. As vidas, as famílias e as carreiras das *mulheres* sofreram danos por tempo demais em razão do silêncio que tem protegido os violadores sexuais. E não apenas as vidas de mulheres – milhões de homens vítimas de estupro pagam um preço igualmente alto, e vivem com os próprios segredos tóxicos enterrados em vergonha e medo. A atual saga dos padres católicos predadores sexuais é apenas um notável exemplo. Para qualquer um cuja principal preocupação em tudo isso seja com a subjugação dos homens e não com a libertação das mulheres, tenho um conselho: abra os olhos. Com coragem. Não acho que tenhamos que nos preocupar demais com a iminente avalanche de homens arruinados que irão despencar das alturas. Grande número deles consegue um salvo-conduto. E não precisamos procurar além do número 1.600 da Pennsylvania Avenue.[*]

---

[*] É o endereço da Casa Branca, em Washington, D.C. [N.T.]

Como salvar uma vida

Pois um homem nu agarrar um bicho comedor de gente, rugindo, com garras à mostra, e puxá-lo pelo rabo para fora de uma janela a fim de salvar uma garota branca que não conhecia era de fato a última palavra em heroísmo.

– Edgar Rice Burroughs, *Tarzan*

QUANDO AUDREY LIGOU de Roma e contou aos amigos o que havia acontecido com ela, eles voaram de diferentes partes do mundo sem hesitar um momento para lhe dar apoio.

Quando uma mulher não nomeada (#LionMama) na África do Sul soube que a filha havia sido estuprada, matou o estuprador.[48] Quando um juiz da Suprema Corte no Punjab e Haryana leu uma declaração da vítima a respeito dos homens que a haviam estuprado, decidiu que ela era promíscua e anulou as sentenças.[49]

Quando uma menina de doze anos de idade no Paquistão contou à mãe que havia sido estuprada, a mãe foi buscar conselho com os anciãos da aldeia, que ordenaram o estupro de uma das irmãs dos estupradores.[50]

Quando meu pai se encontrou comigo, ele me tomou nos braços, carregou-me por quatro lances de escada até a cobertura e disse: "O que você quer? Faremos o que você quiser".

Quatro anos mais tarde, quando eu estava aconselhando sobreviventes, treinando profissionais e dando palestras em escolas, me vi usando meu pai – um muçulmano de meia-idade, que nunca estudou psicologia, sociologia ou dinâmica de gêneros – como um modelo de manual sobre como se comportar com uma sobrevivente.

É uma formula simples. Ofereça de maneira irrestrita controle, aceitação e apoio. É isso.

Dois dias após o estupro, eu estava me arrumando para tomar um ônibus até outro lado da cidade. Meu pai entrou, viu minha saia brilhante de seda cor-de-rosa e azul, e disse: "Não use isso no ônibus!".

"Por que não?"

"Não sei... As pessoas podem reparar em você!"

Ficamos olhando um para a cara do outro, os dois horrorizados com o que ele havia dito. Eu compreendi que ele não estava com vergonha de mim. Queria me proteger, me tornar invisível para que ninguém pudesse me ver e me machucar.

"Deixe que me vejam!", eu disse. "Sim, vamos deixar", ele concordou.

E depois havia meu tio, que primeiro não queria que eu chamasse a polícia, depois não queria que eu contasse à minha mãe, e depois não queria que ninguém falasse disso, nunca. De novo, meu pai, que costumava ser quem tomava decisões, virou-se para mim, procurando alguma dica.

"Não é segredo nenhum", eu disse, brava. "Por que eu deveria esconder, por quê?" Ele aceitou e defendeu isso, para desconforto de muitas pessoas. Tudo o que ele queria era que eu me sentisse melhor e tivesse o que quer que precisasse. Dias mais tarde, fomos fazer uma visita a umas pessoas que não conhecíamos muito bem, que não tinham nenhuma ideia dos acontecimentos recentes. No meio do chá com biscoitos e de uma conversa que não tinha nada a ver com isso, meu pai de repente interveio com "Minha filha foi estuprada!". Matou a conversa na mesma hora... Eu ainda dou risada quando penso nesse momento.

Embora a fórmula seja simples, nem sempre é fácil decidir o que fazer. Estamos sempre procurando razões para minimizar uma agressão sexual. E uma das razões mais evidentes é o bom e velho desconforto. Uma mulher me contou de um tio que uma vez se meteu a apalpá-la, e que ela ainda convivera socialmente com ele até a morte dele, muitos anos mais tarde. Evitá-lo significaria magoar sua tia, que ela amava. Era mais fácil cuidar para que sempre houvesse uma mesa entre o tio e ela do que criar um grande racha na família. Ela e os pais concordaram com isso. Mas é uma linha tênue – suponha que ela não tivesse sido capaz de suportar reuniões familiares. Para ela, não era um grande problema ver aquele velho meio repugnante. Para outra pessoa, talvez fosse.

Mordechai Jungreis, judeu ultraortodoxo, faz parte – ou fazia – da muito fechada comunidade ortodoxa de Nova York. A comunidade cuida de si e segue regras muito rigorosas. Quando descobriu que seu filho adolescente, que tinha uma deficiência cognitiva, havia sido molestado numa casa de banhos místicos, ele foi se queixar. O suposto molestador foi preso. Imediatamente, Jungreis passou a ser segregado pela comunidade. As pessoas pararam de falar com ele e com sua família. Ele perdeu o próprio apartamento.[51] Na Austrália, Manny Waks enfrentou resistência similar. Nascido em Israel, mudou-se para a Austrália ainda criança e mais tarde passou a se manifestar sobre sua própria vitimização no contexto de um grave abuso na comunidade ortodoxa Chabad. Foi colocado no ostracismo e ficou tão traumatizado com sua comunidade que saiu do país. No final, recebeu desculpas formais da yeshivá que frequentou na infância, e continua a lançar luz sobre o problema do ocultamento do abuso sexual.⁵²

Numa entrevista, Jungreis declarou: "Tente viver um dia com toda a dor com a qual estou vivendo. Por acaso alguém da comunidade hassídica nesses dois anos, em Borough Park, em Flatbush, alguma vez apareceu e veio olhar meu filho no olho e dizer-lhe alguma boa palavra? Por acaso alguém criou coragem para demonstrar-lhe misericórdia na rua?".⁵³

Mas alguém decidiu defender o rapaz: o pai dele. Judeus ortodoxos, muçulmanos religiosos, paróquias católicas, empresas de software, famílias muito unidas – o nível de negação do abuso sexual é impressionante em muitos grupos organizados. Mas a mudança pode começar com uma só pessoa, um dos pais da pessoa que sofreu abuso.

Manassah Bradley estava inclinado ao suicídio aos 20 anos, bem depois de ter sido estuprado quando criança. Cheio de desespero e sem perspectivas, decidiu ir a uma ala de emergência de um hospital e contar que era sobrevivente de estupro e que precisava de ajuda. "Disse a mim mesmo, se eles me ajudarem, não vou me matar. Se não me ajudarem, eu me mato", contou-me. "Entrei num lugar muito escuro, e contei a uma enfermeira. Ela disse: 'Eu acredito em você'. Essas quatro palavras evitaram que eu me matasse."

Várias pessoas ficam em silêncio e viram as costas para o estupro. Mas muitas não fazem isso. Enfrentam a dor, procuram observá-la, tentam mudar as coisas. Essas pessoas me fascinam. Encontrei poucas.

Mitali Ayyangar passou seis meses no sul do Sudão com a Médicos sem Fronteiras (MSF). Sentada com uma xícara de chá na sacada florida do meu apartamento, em Nova York, ela trouxe à memória o Acampamento Bentiu, a mais de 11 mil quilômetros de distância. O acampamento é oficialmente chamado de UNMISS PoC (UN Mission in South Sudan: Protection of Civilians, ou Missão das Nações Unidas no Sul do Sudão: Proteção de Civis). É uma área de cerca de 800 metros quadrados que, na época, era o lar temporário de umas 120 mil pessoas. Mitali dirigia uma equipe de oitenta trabalhadores da comunidade local, uma quarta parte dos quais era composta por mulheres.

A tarefa de sua equipe era tentar manter o controle das necessidades de saúde da comunidade. A MSF dirige um hospital de cuidados médicos de nível secundário, e entre os vários serviços oferecia assistência médica para vítimas de estupro; parte do trabalho de Mitali era identificar pessoas que precisavam desse tipo de ajuda e despertar a consciência da comunidade em relação ao estupro.

O hospital tinha uma entrada chamada Portão da Flor Amarela, exclusiva para mulheres. Era um lugar especial, onde as mulheres podiam obter ajuda para qualquer problema, não só abuso sexual. "Problemas de menstruação, infecções urinárias, questões relacionadas à gravidez, o que fosse, sem estigmas... A maioria dos estupros acontece quando as garotas e mulheres estão vindo ao acampamento", explica ela, "ou quando saem para buscar lenha".

Como descobrir pessoas que estão precisando de ajuda e oferecê-la? É o que fazem as Senhoras do Portão.

As quatro Senhoras do Portão eram parteiras tradicionais que vieram ao campo fugindo da violência nas aldeias. Nos portões do acampamento do PoC, elas se revezam. Uma fica sempre na entrada. "Elas são muito ligadas e intuitivas", uma pequena parte disso. Por que então... parece que... consegue-se assentar isso em algum lugar. Colocar na terra. Em vez de deixar no ar, ou de deixar... no desconhecido. Ou no anônimo. Se eu não aterrar isso, de alguma maneira, em mim mesmo, então vai ficar por toda parte, o tempo inteiro. Ubíquo. E isso na realidade seria um fardo bem maior, mais danoso, mais pesado de conviver, do que me culpar por não ser um garoto de dezenove anos mais esperto quando meu irmão me chamou e falou sobre a estúpida briga que havia tido. Isso faz sentido?[38]

Uma luz vermelha gigante se acendeu na minha cabeça quando vi esse clipe. Talvez se culpar não seja sempre algo relacionado a ódio por si e internalização do patriarcado. Pode ser às vezes uma maneira intrincada de fazer com que a coisa toda pareça menos assustadora. O fato de esse ser um raciocínio ilusório dificilmente importa muito – quando você tem 17 anos, é mais fácil achar que não teria acontecido se você não estivesse usando aquela sainha curta do que aceitar que as pessoas podem ter machucado você porque simplesmente tiveram vontade de fazer isso e que infelizmente não existe nada que você possa fazer a respeito.

É claro que isso não justifica que *outras pessoas* culpem a vítima. Elas não têm absolutamente nenhuma desculpa para fazer isso e precisam levar um peteleco bem forte na cabeça para acordar. Mas isso me faz ter um pouco mais de boa vontade em relação às coisas que tenho ouvido de mulheres ao longo dos anos, tais como: "Ah, eu nunca deixaria que isso acontecesse comigo". Nos momentos em que me sinto mais inclinada a perdoar, vejo isso mais como uma autoproteção do que como uma patetice insensível, que talvez seja a expressão mais correta para definir esse tipo de atitude.

disse Mitali. "Observam quem sai de manhã e se alguma das mulheres parece meio perdida quando volta. Se um pé está descalço, se há certo tipo de olhar... Conversam com elas e tentam descobrir se aconteceu alguma coisa, afastando-as um pouco do grupo para que possam falar. Elas dão orientação sobre PEP (*post-exposure prophylaxis* ou profilaxia pós-exposição para HIV) e sobre a pílula do dia seguinte. Se a pessoa concorda em ir até o hospital, as Senhoras do Portão se oferecem para acompanhá-la. No hospital, a equipe fornece cuidados médicos confidenciais.

"As Senhoras do Portão são muito criativas e persistentes. Elas sabem o equilíbrio certo entre dar espaço e estar presente. As mulheres costumam dizer 'Fui roubada, mas não me estupraram'. Em seguida – talvez digam que apanharam um pouco –, talvez confessem que foram estupradas. Pode levar bastante tempo."

As Senhoras do Portão são a essência do programa. Em geral, o estupro é entendido como algo que ocorre sob a ameaça de uma arma. Elas ajudam a difundir a mensagem de que a agressão sexual é muito mais do que isso – pode ocorrer nas famílias, ou até mesmo sem que o pênis esteja envolvido. Elas recebem treinamento formal, mas muito de seu trabalho consiste em sentar com as pessoas e falar sobre a atuação da MSF e de que maneira é possível conciliá-lo com as crenças delas, que podem ser diferentes. Mitali fez sua parte aprendendo uma canção sobre estupro e cantando-a na língua nuer. A canção fala de contato sexual não desejado e sugere procurar ajuda:

> *Mi ce tuok wer ke peth, rey nini dok ka em-thep thwok*
> *Rek man in dixk dien min te ke ken mi yian en no*
> *mo mi thok*
> *Mace din yen e kiim, thile ram bi je mjac.*

Se isso aconteceu, não perca tempo! Vá depressa, no prazo de três dias, a MSF (em-thep) no Portão Três da Maternidade, que tem uma flor amarela. Quando isso acontece, só você fica sabendo – além do médico ou da parteira. Ninguém mais precisa saber.

Mitali reconhece que o acampamento não presta serviços a vítimas homens. Essa é uma verdade global triste – a ausência de serviços sobre agressão sexual específicos para homens e meninos. Por mais que sejam insuficientes para as mulheres em toda parte, tais serviços são ainda mais precários para os homens.

Fico admirada com as pessoas que, inspiradas pela dor dos outros, sentem-se estimuladas a mudar suas vidas para poder ajudar. Pessoas como Bhagirath Iyer, que está a um continente e um oceano de distância do sul do Sudão. Profissional da área financeira na Índia, ele ficou tão tocado pelo estupro e pelo assassinato de 12 de dezembro que se juntou com alguns amigos e fundou uma organização chamada Make Love Not Scars [Faça amor, e não cicatrizes] para atender vítimas de violência de gênero, particularmente ataques com ácido. Ele me contou que quer ajudar mulheres a resgatarem sua dignidade após o estupro e outras formas de agressão.

A um continente e um oceano de distância do sul do Sudão, Sean Grover dirige grupos de terapia em Nova York. É inevitável que o tema do estupro venha à tona. Às vezes, o grupo é o primeiro lugar em que alguém se sente seguro para assumir que o episódio aconteceu, às vezes até para si mesmo.

"Não queremos desafiar demais as defesas da pessoa", Sean me conta. "Se você ajuda as pessoas a se sentirem mais seguras, elas irão se abrir. As defesas são necessárias. Elas mantêm a pessoa intacta. São uma proteção, uma etapa."

Gosto dessa maneira de encarar a questão: muito mais positiva do que se opor à negação. Afinal, o que é a "negação"? É uma palavra com conotação pejorativa para algo que costuma ser um mecanismo para lidar com o problema, e que costuma funcionar muito bem. Pode ter uma eficácia impressionante – como no caso de uma vítima adolescente de estupro que conheci, que não ficou pensando no fato de estar grávida até que o bebê praticamente caiu da barriga dela. Você lida com as coisas quando está pronta para lidar. Isso não é necessariamente ruim, a não ser que você esteja andando pelos trilhos e negando que há um trem vindo, de fato, na sua direção.

Em outro continente, Laila Atshan, uma assistente social que mora em Ramallah, trabalha com vítimas de estupro na Palestina e nos arredores. Ela me contou de uma jovem iraquiana que acabara de conhecer. "Ela ficou seis meses sequestrada no Iraque. Foi maltratada de todas as maneiras que você possa imaginar. Todo mundo parecia mais preocupado em saber se ela ainda era virgem ou não. A garota estava quase morrendo. Achava que não merecia mais viver." Laila, que é cega, usou o próprio exemplo para falar com a menina. "Usei minha cegueira como exemplo para mostrar a ela que as pessoas me olham como se eu não tivesse valor. Mas tenho muito valor, e você também, eu disse a ela." A garota recuperou o desejo de viver. Segundo Laila, "Ela se transformou!".

Laila trabalha em estreito contato com os territórios ocupados da Palestina, com professores e pais que se sentem desprotegidos em relação às suas vidas e assustados com o que pode acontecer aos filhos. "Não somos capazes de controlar os postos de checagem", ela diz a eles. "Mas podemos controlar como nos dirigimos aos nossos filhos."

Mitali e Laila são testemunhas da dor. Todos precisamos de testemunhas que possam sentar-se conosco e acompanhar nossa dor. Somos todos testemunhas da cultura do estupro. Algumas de nós fomos testemunhas do próprio estupro, e isso cobra um alto preço. O estupro sempre exerce uma influência forte em muitas vidas.

E o que o estupro faz com os homens que o testemunharam e não puderam fazer nada? Ouvi muitas histórias que me lembram da minha: enquanto estupradores agridem uma mulher, um homem assiste, incapaz de intervir. O cenário todo é uma mistura tóxica de machismo e crueldade, uma maneira muito clara de pressionar todos os botões relacionados ao que significa ser homem e ser mulher. Em qualquer cultura, estamos presos a expectativas prescritas de masculinidade e feminilidade, geralmente em detrimento de todos. É por isso que pessoas trans são tão ameaçadoras, e tão necessárias.

Se o que você quer ter é poder e controle, e todas as pesquisas mostram que é isso que define boa parte do estupro, então, se um homem consegue estuprar uma mulher e, ao mesmo tempo, colocar outro homem de joelhos, isso deve soar como uma dupla vitória. E, se você é o homem que tem que presenciar o crime, sua devastação será também dupla – você vê alguém, talvez alguém que ama, sendo agredido, e ainda por cima não pode fazer nada a respeito. Se você está totalmente envolvido no paradigma da "honra", sofre uma desonra em dobro. O homem (um garoto, na verdade) que presenciou meu estupro me amava. Ele lutou por mim e colocou em risco a própria vida, mas no fim era escolher entre o estupro e a morte. A escolha era clara, e nenhum de nós dois se arrepende dela por um milésimo de segundo. Sim, ele se sentiu mal por não poder evitar os estupros, mas não porque fosse homem. Apenas se sentiu mal; como eu também me senti. Nós dois fomos agredidos e nós dois superamos isso. Quando uma coisa dessas acontece, as duas pessoas ficam traumatizadas, a que foi estuprada e a que teve que presenciar isso.

Mas nem todos veem a coisa assim. Assad entrou num bosque com a noiva para passarem um tempo ali juntos. Iriam se casar dali a dois meses, mas essa era a única maneira que tinham de ficar a sós. Enquanto estavam ali, três homens o agarraram e se revezaram para estuprar a moça.

O casal poderia ter guardado segredo, mas os dois estavam feridos e foram obrigados a contar aos pais quando chegaram em casa. A primeira pergunta do pai de Assad não foi sobre os ferimentos deles. "O que você fez?", perguntou ao filho. Os tios dele também queriam saber: como ele pôde deixar aquilo acontecer? Por que não a protegeu?

Foi uma reação até que relativamente lúcida, levando em conta o que poderia ter acontecido. Se fosse outra família, eles poderiam ter rejeitado a garota e cancelado o casamento. Mas o quanto essa família foi de fato lúcida? É uma reação que ainda gira em torno da honra, do dever do homem de proteger a mulher contra a agressão de outros homens. É como se as mulheres ainda estivessem disponíveis para serem tomadas pelo mais forte. Assad não era o mais forte, portanto era como se fosse menos homem. Os estupradores foram eficientes não só em desonrar a moça como também em diminuir a masculinidade dele.

A maioria de nós não é herói nem estuprador. Mas algumas pessoas às vezes vão além de testemunhar. Elas carregam o fardo ou intervêm. Essas pessoas são heroínas.

Yasmin El-Rifae é uma das fundadoras da OpAntiSH (Operation Anti Sexual Harassment ou "Operação Contra o Assédio Sexual"). Em 2012, ela e outros egípcios ficaram chocados com as agressões sexuais em massa cometidas contra as mulheres na Praça Tahrir, no Cairo. Durante a Primavera Árabe, grupos de homens cercaram mulheres que estavam nas ruas protestando. Depois de apartar uma mulher, juntavam-se para agredi-la – fazendo de tudo, desde agarrar à força, apalpar e bolinar, até estuprar, ameaçando-a com facas. A OpAntiSH mobilizou-se e interveio. O grupo foi às ruas, criou uma linha direta de telefone e usou as mídias sociais para reunir grupos de homens e mulheres equipados com sinalizadores luminosos e roupas para as vítimas que tivessem tido as suas rasgadas ou arrancadas. Treinaram membros em intervenção não violenta e em como estabelecer conexão com as vítimas. Acima de tudo, eles foram treinados em acreditar que o bem pode operar um curto-circuito no mal.

Assisti a um vídeo online de uma dessas agressões sexuais em massa. Grupos de homens gritando, berrando, atacando – uma reunião caótica com um propósito sinistro. Pensei nos e-mails que recebia exaltando minha coragem por falar em meio a uma era de silêncio, e no quanto aquelas pessoas estavam equivocadas. Simplesmente assistir àquilo já era muito assustador.

Encontrei Yasmin no Washington Square Park, em West Village, Manhattan. Sentamos num banco durante um fim de tarde de verão, enquanto ela calmamente descrevia a estratégia e a prática de ter decidido correr riscos para salvar outras mulheres. Que heroína. Toda vez que a maldade existente no mundo me oprime (e não uso a palavra maldade à toa, pois já olhei para o rosto do mal e senti seu hálito no rosto), lembro que seu oposto também existe, em pessoas como Yasmin e no grupo dela. Imagine sair à rua, colocar sua vida em risco, mergulhar no meio de uma massa para tentar ajudar uma estranha.

Yasmin me falou sobre o grupo: como foi formado, que algumas das mulheres acabaram sendo estupradas no processo de intervir, que todos se treinaram como guerreiros, para conseguir penetrar numa massa caótica e raivosa e chegar até uma mulher em perigo.

Num trecho do manuscrito de Yasmin sobre a resistência feminista aos ataques sexuais em massa durante a revolução egípcia, ela cita uma mulher, sentada e ouvindo outra mulher que acabara de ser agredida:

> Ela sabe no fundo de seu cérebro e de seu coração que sua tarefa consiste em nunca mais abandonar essa mulher. Elas serão carne e unha. Ela não é mais uma mulher que veio ajudar Mariam; agora ela e Mariam são apenas uma, e vencerão juntas, ou não conseguirão vencer.

Busisiwe, a jovem africana de quem já falei que foi estuprada quando criança, me contou como foi que chegou em casa ao sair daquela construção onde havia sido agredida. "Havia outra mulher instalada ali. Ela perguntou ao cara: 'O que você está fazendo aí no escuro?'. O estuprador apenas ordenou: 'Vai, vai, continua cozinhando aí'. Ela obedeceu. Eu gritava, e, depois que ele terminou de me estuprar, chegou outra avó, que estava bêbada, e chamou outras pessoas. Eu estava que era só sangue, e eles me levaram para casa."

Em Sangli, Maharashtra, as profissionais do sexo são vulneráveis a agressões e a coisas piores por parte de seus clientes e também dos vizinhos. Há três décadas, uma mulher, Meena

Seshu, entrou em contato com elas. Por meio da Sangram (Sampada Gramin Mahila Sanstha), a organização de defesa dos direitos das mulheres rurais que ela dirige, as profissionais do sexo locais entenderam que apoiar umas às outras era a melhor forma de proteção possível. Vivendo numa cultura que aceita que alguém que vende sexo para sobreviver possa ser violentada, elas dependem da ajuda mútua. Uma mulher mostrou de que maneira elas devem bater na parede e pedir ajuda quando um cliente passa dos limites em brutalidade. Dois homens me disseram que teriam se suicidado após terem sofrido agressões sexuais se não fosse a ajuda de colegas profissionais do sexo e de amigos. Elas lembram umas às outras que trabalho sexual é trabalho, se dispõem a cuidar dos filhos umas das outras, e se ajudam também, a fim de manter a segurança e a saúde das demais.

A ajuda a vítimas de agressão sexual pode vir de todas as formas. Às vezes, é um professor de faculdade que se senta ao seu lado com boa vontade quando você acaba de ter um inexplicável e repentino ataque de fúria na sala dele. Às vezes, são pessoas que sabem do que você está falando porque também passaram por isso. E, às vezes, é uma vovozinha bêbada.

O Guia Abdulali para salvar a vida de uma sobrevivente de estupro

EU DIGO "ELA", mas as orientações se aplicam igualmente a todos os gêneros.

- Mostre-se horrorizada, mas não caia da cadeira, a ponto de obrigar a outra pessoa a cuidar de você.
- Acredite nela. Nada de perguntar "E se...", ou discordar, ou duvidar. Simplesmente acredite nela.
- Deixe que ela tome a iniciativa. Se ela quiser falar, tudo bem. Se ela quiser ficar calada, tudo bem também. Se ela quiser chorar, a mesma coisa. Se ela quiser fazer piada, tudo certo. Se ela quiser atirar coisas na parede, sem problemas.
- Pergunte o que ela quer. Você não precisa adivinhar.
- Incentive-a a procurar ajuda – médica, legal, física e mental. Mas não force isso.
- Não fique querendo saber detalhes, mas deixe-a saber que você está disponível para ouvir, se ela quiser explicar melhor.
- Não questione os julgamentos que ela fizer.
- Deixe que ela formule o que está dizendo do jeito que quiser, com as palavras que escolher.

- Não tente entender ou analisar. Simplesmente esteja disponível.
- Lembre-se de que essa é a mesma pessoa que você conheceu antes de saber que ela havia sido estuprada. Trate-a do mesmo jeito. Algo terrível aconteceu a ela, mas é a mesma pessoa. Talvez ela também precise ser lembrada disso.
- E, por fim, mas não menos importante, não poderia dar um conselho melhor que o de Caitlin Moran: não seja babaca.

A versão oficial

> *É absolutamente essencial medir com muito cuidado os ingredientes e seguir fielmente as receitas. Sem isso, a perfeição é impossível.*
>
> – Digvijaya Singh, *Cozinhando as delícias dos marajás*

> *Como homem, peço desculpas por aquilo que aqueles homens ruins fizeram. Todos nós, homens, somos culpados de um modo ou de outro por essas atrocidades e crimes contra nossas queridas mulheres. Espero que sua vida e seu futuro sejam muito felizes.*
>
> – e-mail, 2013

A PRIMEIRA VEZ que fui convocada para fazer parte de um júri em Nova York foi num grupo de potenciais jurados para julgamentos de estupro. Éramos uns duzentos lotando a sala do tribunal, e o juiz pediu que aqueles de nós que já tivessem sido abusados sexualmente, ou conhecessem alguém que tivesse sido, levantassem a mão.

Isso foi em 2009, quando o estupro era um tema de conversa muito menos frequente do que é agora. Muita gente levantou a mão. Então fomos chamados a uma pequena sala, um por um. Entrei e me vi em volta de uma mesa junto com: o juiz (homem), o suposto estuprador (homem), o advogado de defesa (homem) e o promotor (homem). O acusado olhou torto para mim. Evitei seu olhar; a sala de repente pareceu muito menor.

"Então", disseram, "conte-nos alguma coisa de sua história que possa ser relevante para este caso". Contei tudo o que consegui lembrar: eu havia sido estuprada, trabalhara num centro de atendimento a vítimas de estupro, havia feito minha tese de graduação sobre estupro na Índia e a dissertação de mestrado, sobre a cobertura desses casos na mídia, estava no meio da redação de um relatório sobre estupro no contexto das eleições no Zimbábue...

O advogado de defesa mal conseguia se segurar. Ele dava a impressão de que estava fazendo a maior força para não me empurrar para fora da sala. O promotor sorriu para mim e me perguntou se eu me sentia capaz de ser objetiva caso fizesse parte do júri.

"Sem dúvida!", eu disse. E tinha convicção disso. Eles não me pediram para explicar, porque estavam com tempo contado. As palavras saíram da boca do advogado de defesa quase que disparadas – ele fazia questão de usar um de seus vetos para me excluir. E assim foi. Não fiz parte do júri.

O advogado de defesa estava equivocado. Eu era capaz de ser objetiva. Depois de passar a vida vendo o terrível dano que as mentiras e os pressupostos são capazes de produzir, tenho certeza de que teria sido justa, e que cuidaria para não condenar a pessoa errada. Eu conhecia bem o assunto. Conhecia bem o sistema judiciário e como ele se posiciona contra os negros (o estuprador era negro). Eu sabia que, nos Estados Unidos, os negros que não são culpados podem alegar que o são para reduzir suas sentenças. Eu sabia que, sendo você a vítima ou o estuprador, sua casta ou sua classe afetam cada detalhe que possa definir se você é confiável ou não e podem definir o que vai acontecer com você. Sabia que, a partir do instante em que você se torna parte de alguma instituição em qualquer lugar do mundo, a questão deixa de ser apenas entre duas pessoas. O peso da história, de camadas e camadas de intolerância e de suposições e racionalizações, tudo isso cai em cima de você com uma tremenda força. Ser um homem negro na América, acusado de estuprar uma mulher branca: isso nunca é apenas um caso de violência sexual. Na Índia, ser *dalit*, ou membro de tribo, ou muçulmano, e ser acusado de estuprar uma mulher de alta casta: isso nunca é apenas um caso de violência sexual. Lembro, após ter sofrido o estupro, que fiquei tentando compreender como era possível que, caso decidisse apresentar acusações, eu poderia sair dali e apontar para qualquer jovem pobre da favela, e com certeza ele iria ganhar, no mínimo, uma boa surra na delegacia de polícia.

Mas no sistema legal dos Estados Unidos, se você mostra que tem envolvimento no assunto, que está bem informado e interessado pelo caso, então não tem condições de julgar. Se tiver sido estuprada, sua opinião sobre isso não será válida, porque então será muito tendenciosa, muito emocional; você estará próxima demais da questão.

Sim, eu sei. É realmente maluco isso. Mas é verdade.

Mas, então, quem é que definirá o que é objetividade e a maneira de estabelecer nossos padrões? Se quem está no banco do júri é quem não teve experiência com agressão sexual, não admira que o índice de condenação nos julgamentos de estupros nos Estados Unidos seja tão ínfimo. Examine os seguintes dados. De cada mil estupros,

- 310 são reportados à polícia;
- 57 levam a uma detenção;
- 11 acabam nos tribunais;
- 6 estupradores vão para a prisão.[54]

O acusado naquele caso de 2009 era, nas palavras de um homem que fez parte do júri e conversou comigo depois, "tão obviamente culpado que no segundo dia ele simplesmente desistiu e assumiu a culpa". Mas, se não tivesse feito isso, será que o julgamento teria sido mais justo, já que não havia ninguém no júri que tivesse a menor ideia das nuances de um estupro? Ninguém perguntou às pessoas que compunham o júri se alguma delas havia *cometido* estupro. Quem me garante que eles, depois de me expulsarem, não montaram um júri de abusadores.

O consenso é que, se você teve essa experiência, nunca mais será suficientemente confiável de novo. E com certeza acontece a mesma coisa em outros julgamentos: se você foi assaltado, talvez seja desqualificado para um júri de caso de assalto. Mas o advogado de defesa talvez não olhe para você como alguém capaz de pular por cima da mesa para estrangular o cliente dele.

Eu e muitas outras pessoas temos escrito a respeito do quanto a lei tem pouco poder de promover mudanças. É deprimente, mas há exemplos disso por toda parte. Na Somália, em 2016, a região de Puntland aprovou uma lei abrangente sobre violência sexual que foi internacionalmente elogiada. A existência de uma lei como essa com certeza é uma parte necessária da solução. Infelizmente, porém, a norma está sendo desrespeitada a toda hora pelas próprias pessoas que deveriam aplicá-la. Estupros por militares e pela polícia continuam inalterados.[55]

A mudança começa em casa, na vida e nas atitudes do dia a dia. A lei, mesmo quando um estuprador é considerado culpado, pode no máximo fazer apenas isso, decretá-lo culpado, em apoio aos sobreviventes. A lei não segura sua mão quando você morre de medo de sair à noite de novo. Uma mudança na lei não causa necessariamente uma mudança de atitude se você tem um sentimento muito intenso em relação a algo.

Mas as leis orientam nosso comportamento, mesmo que não guiem sempre nossos pensamentos. Faz diferença que a lei islâmica exija o testemunho ocular de quatro homens adultos para provar que houve estupro. Faz diferença que as leis imponham limites de tempo para se reportar um abuso sexual. Faz diferença que as leis de proteção ao sigilo pessoal nos Estados Unidos impeçam que os advogados de defesa falem sobre o histórico sexual das vítimas no tribunal. Os sistemas de justiça são construções imperfeitas, mas fazem diferença. As leis podem afetar, e afetam, a maneira como agimos.

Pense na vacinação. Muitas pessoas acham que a vacinação de rotina é prejudicial. Nos últimos anos, a Califórnia experimentou vários surtos perigosos de sarampo. O estado tornou a regulamentação mais rigorosa, dificultando que os pais isentassem os filhos da vacinação obrigatória. Com isso, mais pessoas simplesmente passaram a tomar vacinas, e a incidência de sarampo caiu bastante. Talvez todos esses pais ainda acreditem que as vacinas sejam prejudiciais, mas agora o custo de evitá-las ficou maior e influenciou a tomada de decisão deles.

Estupro não é sarampo, e não há vacina contra ele. Mas as regras exercem influência. Como definimos o estupro?

Qual é o ônus da prova? De que modo os médicos e os policiais são treinados para lidar com casos de estupro? Como funciona a condenação? De que maneira as mídias sociais afetam o devido processo legal? As leis não vão acabar com o estupro, mas têm profundas consequências e dão o tom. O mesmo vale para a maneira de falar sobre as coisas. Assim como a lei, a linguagem tem um peso. Um ditado antigo [nos países de língua inglesa] diz que "Paus e pedras podem quebrar meus ossos, mas palavras jamais me atingem". Discordo. Paus, pedras e palavras: tudo isso pode furar minha pele e minha alma.

A linguagem que usamos diz muito sobre aquilo que chamamos de objetividade. Eis um trecho do guia do UNDP (Programa das Nações Unidas para o Desenvolvimento), a respeito do uso da linguagem relacionada ao HIV.[56] Serve para qualquer tema estigmatizado:

> A linguagem e as imagens por ela evocadas moldam e influenciam comportamentos e atitudes. As palavras utilizadas costumam situar o falante em relação aos outros, afastando-os ou incluindo-os, estabelecendo relações de autoridade ou de parceria e afetando os ouvintes de maneiras particulares, empoderando ou desempoderando, excluindo ou persuadindo, e assim por diante.

"O promotor público... disse para eu parar de chorar e manter o foco", Audrey me contou. Os homens que a estupraram foram absolvidos, e ela ainda se pergunta se foi por causa da maneira como testemunhou no tribunal.

É impressionante como as sobreviventes continuam a assumir a responsabilidade pelo fato de os estupradores escaparem livres, sendo que: a) eles cometeram o crime, e

b) o sistema é universalmente muito ruim. Os julgamentos demandam tempo. As sessões de tribunal são uma violência. As provas são enganosas, cheias de armadilhas. A violência sexual não é uma prioridade. Nos Estados Unidos, milhares de kits de perícia de estupro (aqueles envelopes plásticos com evidências forenses, contendo sêmen, pelos, fibras e demais provas colhidas das vítimas) ficam juntando poeira nas prateleiras aguardando testes, enquanto os estupradores escapam impunes.

A lei, com extrema facilidade, distorce, confunde e interpreta de maneira errada. A versão oficial é aberta a interpretações. Veja o meu caso: estou escrevendo este livro sobre estupro, mas, no registro oficial, não aconteceu nada comigo naquela montanha. Isso não é algo com que eu devesse me importar, pois eu sei o que aconteceu, mas na realidade importa. Adoraria poder encontrar aquele livro na delegacia e reescrever meu depoimento.

A versão oficial importa. Paus e pedras podem quebrar meus ossos, e as palavras, também. Elas sempre irão me machucar.

Seu amor está me matando

É simplesmente uma tremenda confusão.

— Gina Scaramella, diretora executiva,
Centro de Emergência ao Estupro de Boston

*Educação sexual e educação sobre estupro –
elas são uma única e mesma coisa.*

— Jaclyn Friedman

QUANDO MINHA FILHA estava na terceira série, não gostava de ir a lugar nenhum com o resto da classe. Descer as escadas na escola para ir até a cantina almoçar, subir o quarteirão e atravessar a rua para um intervalo no Tompkins Square Park – ela reclamava de tudo que exigisse entrar em uma fila. Mas qual era o grande problema disso?, a gente quis saber. Soubemos então que o garoto que ficava sempre atrás dela tinha mania de ficar puxando seu cabelo.

"E ele fica assoprando em mim!", disse ela, indignada.

Parecia razoável que ficasse indignada, porque ele não parava nem quando ela reclamava. Mencionei isso à professora, que riu e disse: "Ah, é o Ted! Ele é apaixonado pela menina. É só o jeito que ele achou de mostrar que gosta dela".

Ah, esse Ted. Ele gosta muito dela, então tudo bem.

Tudo bem nada! Alguém precisa dizer para o Ted que ele não tem que ficar perturbando meninas para mostrar que gosta delas. Quando o Ted for para a faculdade e começar a gostar muito de uma menina, como é que vai demonstrar isso? Vai perguntar se ela quer ir ao cinema com ele? Ou vai invadir o quarto dela e estuprá-la?

Estupro e desejo, violência e sexo. Essas coisas estão misturadas. Talvez não devessem estar, mas estão, e essa é uma mistura complicada.

Qual é o elo entre estupro e desejo? A análise feminista no Ocidente tem tido muito cuidado em separar as duas coisas, em definir o estupro como um ato de violência. Coisa que ele de fato é. Quando trabalhei no Centro de Emergência ao Estupro de Boston, minha amiga Irene Metter e eu demos várias oficinas para diferentes grupos. Adorávamos sair dirigindo aquele enorme carrão azul dela, que mais parecia um barco, indo a escolas, clínicas e diversos tipos de empresa, falando para grupos sobre os diferentes aspectos da agressão sexual. Meus momentos favoritos eram as sessões que a gente fazia nas escolas, onde desde o início surgiam acaloradas discussões com os adolescentes. Irene tinha uma frase que eu amava: "Estupro não é sexo. Do mesmo jeito que acertar a cabeça de alguém com um pau de macarrão não é culinária". Funcionava muito bem para ilustrar que, embora o estupro às vezes possa parecer sexo consensual, ele não é.

Mas estupro é violência *sexual*.

Um garoto sexualmente frustrado que despeja suas emoções reprimidas em cima de uma garota vulnerável, ou um soldado que ataca uma mulher em meio a um contexto de guerra: as duas suposições são estupro, ambas são violentas, mas será que vêm do mesmo lugar? E será que isso importa, especialmente para a vítima? Como fazer uma distinção entre essas duas dinâmicas, a do estupro no namoro e a do estupro por um estranho, ao falarmos sobre isso com nossos filhos? E de que modo vamos admitir que existem nuances sem que isso diminua o que ambos os exemplos citados têm de errado? Embora eu não tenha nenhuma resposta (de novo), acho importante considerar essas nuances.

Gina Scaramella é a diretora executiva do Centro de Emergência ao Estupro de Boston, o mesmo lugar que me contratou em 1984 para ser a primeira funcionária em tempo integral da equipe. Eram dias de desbravamento, quando elas ainda estavam instaladas no Cambridge Women's Center [Centro de Mulheres de Cambridge], quando saíamos desembestadas no meio da noite até a casa de mulheres que estavam correndo risco ou assustadas, e quando uma vez, enquanto eu atendia alguém por telefone, tive também que dar conta de apagar o fogo das cortinas do escritório. Hoje o centro é uma organização com quarenta pessoas em período integral e regras definidas sobre como chegar à casa das pessoas. Ainda assim, algumas coisas não mudaram. O estupro ainda é simples (sem consentimento = estupro) e ainda é complicado (o que é consentimento? Como definir o uso da força? O que é o poder?).

"Quase não há verdades", diz Gina. Bem, acho que há algumas. Sem dúvida, se você faz sexo com alguém e a pessoa não quer, isso é um problema. Mas a coisa se complica quando você tenta definir graus de culpa. "Precisamos ter real clareza a respeito disso. Tudo tem importância – a idade tanto da vítima quanto do abusador, o tipo de relacionamento entre os dois... Tudo tem impacto no que acontece em seguida. Tudo vem daí. Todos querem simplificar, sempre, mas nós não podemos. A gente perde oportunidades de intervir quando se preocupa em rotular as coisas", ela insistiu.

É um percurso cheio de armadilhas. Na condição de terapeutas e ativistas, os membros da equipe de um centro de emergência querem, acima de tudo, prestar um bom atendimento às pessoas. Mas querem também definir com clareza as linhas de sua política a respeito do que é aceitável ou não, criminoso ou não. É quando as conexões entre violência, desejo e controle sobre a própria ação se tornam muito importantes.

Uma jovem na Austrália compartilhou uma carta que havia escrito a um homem, seu amigo, depois de ele ter violado os limites dela. Eis alguns trechos:

> Embora eu saiba que você não teve intenção de me causar danos, é importante para mim que você leia esta carta com atenção e com empatia [...]
> Escrevo a você por duas razões principais:
> 1. Quero que você perceba e compreenda, de fato, o impacto que as suas ações tiveram (e ainda estão tendo) em mim.
> 2. Quero fazer o que eu puder para assegurar que nenhuma outra mulher tenha que experimentar o que experimentei.
> Achei que tivesse ficado muito claro onde cada um iria dormir: vocês, os três rapazes, no quarto dos beliches, e eu no outro quarto, sozinha, na cama de casal. Quando você pediu, e depois insistiu, para dormir também na cama de casal (você disse que era porque "precisava de espaço"), uma parte de mim se sentiu meio esquisita, encurralada; no entanto, a outra parte sentiu confiança em você, então

concordei. Lembro que na hora fiquei um pouco cismada e apreensiva, o que explica eu ter colocado limites e dito a você "mas sem encostar", com o que você concordou [...] Quando nós dois deitamos na cama e você encostou em mim, imediatamente me senti desrespeitada, como sua anfitriã e como sua amiga. Fiquei com uma sensação de aflição, desconfortável com a situação.

Quando suas mãos começaram a pegar em mim, por baixo da minha roupa, me senti desrespeitada e desconsiderada como mulher e, de novo, como sua amiga. Fiquei com nojo, perturbada e cada vez mais preocupada.

Quando tirei suas mãos de cima de mim e lentamente fui me afastando de você na cama, senti alívio por alguns momentos, já que você não fez mais nenhum movimento e eu tive algum espaço. Isso durou só alguns instantes.

Quando você veio pra cima de mim de novo, apalpando meu corpo inteiro, me senti tão inacreditavelmente assustada – lembro que fiquei paralisada. Isso talvez explique por que não me mexi muito. Lembro que percebi que você estava com as calças abaixadas (embora eu estivesse bêbada, assim como você, continuei muito alerta e com plena consciência do que estava acontecendo). Você fazia movimentos para ficar em cima de mim, e ao mesmo tempo tentava tirar minha roupa. Tive a impressão de que tudo correu muito rápido. Minha mente e meu coração dispararam [...]

Por favor, entenda – isso me deixou muito preocupada, alarmada e em pânico! O meu "não" estava sendo ignorado, e se eu não sou ouvida, aonde será que isso vai parar? O que me resta quando o meu "não" é a mesma coisa que nada? Eu não quero isso... Me senti abusada...

Para mim, minha linguagem corporal era um sinal claro do meu desinteresse e da minha rejeição. Estava comunicando que meu corpo permanecia fechado. Você ignorou isso tentando mais de uma vez. Isso é muito assustador... Isso me fez sentir agredida. Essas ações repetidas de sua

parte dispararam o pensamento mais assustador que já passou pela minha cabeça: "talvez seja melhor eu dar pra ele e acabar de uma vez com esse inferno" [...] Depois de tudo, você ainda teve o cinismo de me mandar a seguinte mensagem: "obrigado por levar na boa meu comportamento de bêbado, é bom saber que você apesar disso segurou minha onda, se bem que eu ainda vou precisar retribuí-la de algum modo" [...]
    Eu não me manifestei em relação ao seu comentário, mas não foi porque eu quis "segurar a sua onda", eu deixei barato porque tive que segurar a MINHA onda... Espero que você assuma responsabilidade por suas ações. Também gostaria de ser tranquilizada a esse respeito, e de ser capaz de acreditar que você nunca mais ofenderá ninguém do jeito que me ofendeu [...]
    Espero que consiga avaliar o quanto essa experiência teve enorme impacto em mim.

Ele respondeu:

Esta carta me fez chorar, desculpe por tê-la feito se sentir assim. Desculpe por ter traído sua confiança e sinto muito não poder voltar no tempo para protegê-la de mim. Sei que fico impulsivo quando bebo, mas não sabia que podia chegar a esse ponto. Realmente me deixa com o coração partido ter feito isso com você, porque eu realmente amo você, como amo todos os meus amigos.

    Com atraso e de maneira incompleta, ele captou a mensagem. É simplesmente triste que, nesse caso, a mulher tenha carregado o duplo fardo de ser não só vítima, *mas também* a educadora. E é triste que seja uma história bastante comum. Todas já experimentamos isso – deparar-nos com um cara que simplesmente não entende que Nós. Não. Estamos. A. Fim.

Ou que ele simplesmente não dê bola para isso porque está bêbado demais, ou nem aí para uma mulher, ou porque foi ensinado a vida inteira que Um Pau Consegue Sempre O Que Quer.

Uma das várias conversas dentro do movimento #MeToo é sobre o relato, que se tornou público, de uma mulher que teve um encontro sexual perturbador com Aziz Ansari, um ator muito conhecido.[57] Ela foi imediatamente criticada por atenuar a discussão – algumas pessoas queriam saber por que essa jovem caçadora de celebridades estava agora enfiando a sua história de uma aventura de gente bêbada no meio de uma discussão sobre assédios e abusos *reais*. Será que as mulheres não estariam despojando o sexo de todo mistério e diversão? (Já expressei minha opinião de que quando o sexo tiver menos terror e trauma associados a ele, será muito mais atraente, e não o contrário.)

Como é que tudo isso se encaixa? A história de Aziz Ansari ilustra bem o quanto tudo pode ficar complicado, e com muita rapidez. A mulher não chamou o ocorrido de estupro. Certo, ela disse que ele a penetrou com o dedo, contra a vontade dela. Isso legalmente é estupro. Mas será que isso é igual a alguém entrar no quarto dela, atirá-la na cama e penetrá-la com o pênis? Não, *não* é. Mas, para mim, o ponto mais interessante é que as pessoas falaram mais do comportamento dela do que do dele. Ela deveria ter sido mais enfática? Deveria ter se mantido no anonimato? Será que deveria ter ido para a casa dele?

Puxa! Quem se importa? Um homem forçou a barra com uma mulher e ela verbalizou seu desconforto. Afinal, não é esse o ponto principal da história? Será que não estamos dizendo com isso que o comportamento da vítima de algum modo minimiza o crime? Isso vai contra toda noção de colocar a responsabilidade onde ela tem que ser colocada.

Talvez a parte mais significativa da história seja o fato de ela *ser* realmente uma história. Não sei dizer se o movimento #MeToo conseguirá impedir um estupro sequer, cometido por um estranho ou em contexto de guerra. Tenho certeza, porém, de que essas conversas difíceis são importantes para pessoas que têm de conviver umas com as outras todos os dias. Um amigo disse que está reavaliando sua vida e seus relacionamentos, e que se sente desconfortável com alguns dos pressupostos que mantinha a respeito das mulheres. Esse homem não é um estuprador. Mas nunca havia parado para pensar o que significa um homem simplesmente achar que, exceto quando a mulher é explícita em sua recusa, não há nenhum problema em abrir o zíper e partir para cima dela. Outro amigo comentou que se sentia um cara de sorte – não falou em mérito, falou em sorte –, porque, embora no seu tempo não lhe tivessem explicado essas nuances, ele nunca havia se visto numa situação em que tivesse agora que olhar para trás e sentir vergonha de seu comportamento.

Sexo ruim é horroroso. Sexo ruim não é estupro, mas às vezes acaba sendo. Mas são coisas relacionadas? Sim! Não! Depende! E tem mais coisa ainda: depois de ler a carta sobre Aziz Ansari, hesitei um pouco em chamar isso simplesmente de "sexo ruim". A história soa desumana e aviltante – um homem sentindo-se no direito de não ter a menor preocupação com os desejos de sua companheira – e também bastante familiar, o que é deprimente e desmoralizante. É algo que sem dúvida cabe na conversa. E não é uma conversa fácil.

Para um homem, uma experiência sexual ruim costuma ser uma falta de comunicação, alguma frustração sexual e uma sensação meio ruim ao final; enquanto que, para uma mulher, o cardápio estatisticamente pode incluir humilhação, gravidez, estupro e morte. Não sei por que alguém deveria ter vergonha de falar sobre uma experiência de sexo ruim. Temos a internet agora, com um espaço ilimitado para xingar e arrancar os cabelos. Falar de uma coisa não precisa tirar o espaço de outra. Ao contrário, pode ajudar a entender melhor essa "tremenda confusão".

Jaclyn Friedman tem um *podcast* chamado *Unscrewed* [58] (algo como "Desenroscado"). Falei com ela sobre a educação sexual nos Estados Unidos. Ela foi implacável. "Ou fazemos uma educação sexual centrada na pregação da abstinência, ou fazemos uma educação sexual a qual chamo de prevenção de acidentes." A educação sexual do tipo prevenção de acidentes diz aos jovens que na realidade não deveriam fazer sexo, mas, já que insistem, então tomem as medidas x, y e z para se protegerem. "A educação sexual em voga ignora a ideia de que o sexo deve ser prazeroso para as mulheres. E isso é que precisa ser ensinado a meninas *e* meninos."

Ela lembra que quando estava na escola, os diagramas de anatomia na aula de educação sexual não incluíam o clitóris. "Eles não mencionavam o clitóris, porque o sexo não era visto como algo que tivesse relação com prazer." Hoje em dia o clitóris tem fãs em todos os lugares. Em Sangli, na Índia, os adolescentes nas oficinas sobre sexualidade aprendem a chamá-lo de "Kama Sutra Kendra" ["O centro do prazer"].

"Se deixamos o prazer de lado na educação sexual, normalizamos a agressão sexual", insiste Jaclyn.

Ela levanta um ponto muito importante. Meninos e meninas recebem mensagens completamente diferentes a respeito do sexo. Incentiva-se a suposição de que o sexo é um prazer para os meninos, enquanto as meninas aprendem bem cedo que perder a virgindade é uma coisa dolorida. Alimentamos a ideia de que o sexo é desconfortável para as meninas, e criamos garotas que acham que não merecem ter prazer, e meninos que, na melhor das hipóteses, não estão nem aí para o prazer das suas parceiras, e na pior delas, são abertamente abusadores.

Nos tempos atuais de fluidez de gênero, de maior aceitação de sexualidades alternativas e de liberação LGBTQ+, esses parâmetros podem parecer cada vez mais opressivos e perniciosamente heteronormativos, mas continuam florescendo. E o estupro também. Criamos nossos filhos com padrões tão nebulosos quanto esses, sem que eles tenham sequer as ferramentas para reconhecer o estupro quando o veem. Realmente, é problemático quando achamos fácil confundir sexo com estupro.

Jaclyn tem um bom exemplo disso:

> Penso com frequência nos dois homens que intervieram ao se depararem com Brock Turner, quando ele atacava sexualmente uma mulher inconsciente em Stanford – eles souberam na mesma hora que havia algo de errado naquilo, porque ela claramente não estava participando. Veja como isso contrasta com o caso de Evan Westlake, que no colegial viu dois de seus amigos estuprando uma garota semiconsciente numa festa em Steubenville, Ohio. Quando lhe perguntaram por que não interveio, ele disse no tribunal: "Bem, não era um negócio violento. Eu não sabia exatamente o que era um estupro. Sempre achei que fosse você forçar alguém".
>
> Tenho certeza de que há muitas diferenças entre Westlake e os homens do caso Turner – e esses dois casos por sua vez se diferem do de Ansari –, mas o que se destaca

para mim é que Westlake foi criado aqui nos Estados Unidos. Os dois homens que vinham andando de bicicleta em Palo Alto eram suecos, criados num país que ensina atitudes saudáveis em relação à sexualidade e ao gênero na escola, já a partir da pré-escola, com aulas que vão além de biologia e relacionamentos saudáveis, tirando o estigma de tabus sobre o sexo, e que também falam, sim, sobre consentimento afirmativo. Eles sabiam que uma mulher que está deitada, imóvel, e que não participa do sexo, é uma mulher que não está dando consentimento. E isso os levou a tomar uma atitude.[59]

"Imagine como o mundo seria diferente se garotas e mulheres pudessem ser sujeitos, e não objetos do sexo!", disse Jaclyn.

Esse foi o momento em que uma luz se acendeu dentro de mim – depois de pelejar tentando descobrir como fazer essas conexões entre estupro e sexo, sem trair toda uma vida dedicada a separar os dois na minha mente, finalmente compreendi: você só pode separá-los quando vê os dois juntos. Eu entendo exatamente o que Jaclyn quis dizer quando afirmou que "a ideia de que você pode falar sobre liberação sexual sem falar sobre violência sexual é totalmente equivocada".

Falar sobre os dois também presta um imenso serviço às sobreviventes de estupro, que com excessiva frequência sentem que o prazer sexual está fora de seu alcance depois de ficarem traumatizadas. Como se os flashbacks e a vergonha não fossem suficientes, há também a culpa incapacitante que as sobreviventes experimentam quando estão entre a minoria das vítimas que tiveram orgasmos durante o estupro. Quando alguém viola seu corpo, e seu corpo trai você manifestando suas próprias reações, é muito fácil acabar lidando com isso simplesmente se fechando. Se as sobreviventes se sentirem seguras para trabalhar seus shows de horrores particulares, mas acreditando que *merecem* ter prazer no sexo, não serão mais deixadas à margem da conversa e da possibilidade de terem vidas sexuais saudáveis.

Muito disso se aplica também a estupros de homens por homens. Lembro de conversar com homens sobreviventes de estupro na linha telefônica direta do Centro de Emergência ao Estupro. A vergonha, a culpa, o sentimento de ter sido vencido são exatamente os mesmos. Estupro, qualquer que seja o contexto, é sexo que foi arrebatado por alguém, e não algo negociado e curtido a dois.

Na outra ponta do mundo, bem distante das crianças das escolas de Boston, a organização de mulheres camponesas Sangram promove oficinas sobre sexualidade que são tão concorridas que houve um ano em que a organização não teve verba para pagar o transporte das participantes e assim mesmo apareceram mais de mil, percorrendo longas distâncias de bicicleta desde suas aldeias.

Assim como Jaclyn, Meena Seshu, da Sangram, defende a ideia radical de que se o sexo não é bom para as mulheres, ele não é bom para ninguém e fim de papo. "Nós passamos informações a respeito de prazer", disse ela. "Dizemos aos meninos o seguinte: se vocês conseguirem dar satisfação às mulheres, não precisarão estuprá-las."

Eu seria uma tonta completa se achasse que o estupro iria terminar se todos os homens reconhecessem a importância do prazer sexual consensual. Não estou dizendo isso, absolutamente. O que estou dizendo é que a violência e o desejo muitas vezes estão muito próximos um do outro, de maneira muito desconfortável.

Breve pausa
para o horror

TEMPO! TEMPO! **Vamos dar uma pausa agora para soltar os demônios!** Sinto a necessidade de lembrar a todos que, embora este seja um livro que fala de estupro, é importante não nos sentirmos confortáveis com esse tom coloquial a ponto de esquecer algo importante: estupro é extremamente terrível. A maior parte de nós sobrevive e, com sorte, ainda consegue apreciar o canto dos passarinhos nas árvores numa manhã de verão. Mas, não importa o quanto falemos disso, na realidade trata-se de algo horroroso, perturbador, quase incompreensível. Como a guerra, o parto e outros traumas, é quase impossível explicar essas coisas para quem não passou por elas.

Portanto, por favor, faça uma pausa agora. Reserve um tempo para tentar compreender o horror disso tudo antes de voltarmos a falar objetivamente. É importante.

Eu tenho um medo terrível em relação a este livro. Um medo pior do que o medo do ridículo ou de resenhas negativas, ou do que o medo de alguém vir me dizer: "Você *ainda* continua falando disso?". É o medo de que, na minha esperança de contribuir para uma conversa equilibrada, eu acabe dando a impressão de que estupro não é lá tudo isso. Meu medo é que, ao dizer que ele não precisa ser o fim da esperança e da luz, eu possa parecer leviana e deixar de destacar o enorme sofrimento e o trauma das vítimas de estupro. Por isso escrevi este capítulo.

Às vezes, as pessoas conseguem compreender racionalmente que os homens podem forçar sexualmente as mulheres, mas têm dificuldades em compreender a dor e a degradação envolvidas. Talvez seja assim porque, não importa o quanto a gente grite e berre nas passeatas da organização Take Back the Night [Tome a noite de volta], estupro realmente tem tudo a ver com sexo.

É como se fosse o gêmeo malvado do sexo. Todas as coisas que tornam o sexo maravilhoso – intimidade, conexão, sensações, escolha – são também as que tornam o estupro tão horrível e difícil de suportar. E confuso. O que *deveria* ser sublime não é. O que *deveria* ser uma sagrada conexão humana, ou mesmo uma simples interação divertida, deixa de sê-lo. O estupro não é uma inofensiva fantasia de violação e dominação. Não é um jogo de interpretação de papéis com regras e limites ou um fetiche que desperte tesão. É real, e, quando ocorre, a pessoa não conta com uma palavra de segurança que faça o abusador parar.

Você é alguém que nunca teve o corpo violado? Espero que isso nunca lhe aconteça. Mas, só por um momento, imagine como seria. Imagine que alguém – talvez alguém de que você goste, ou talvez alguém que você nunca viu na vida, mas alguém que momentaneamente tem controle sobre você – force você a abrir as pernas, a abrir a boca, e enfie uma parte dele em suas partes mais íntimas, as partes macias, as partes vulneráveis, sensíveis. E lá está você. Sem conseguir se mexer. Sem conseguir respirar direito. Sem pertencer mais a si mesma. Você talvez sinta medo de morrer. Medo de nunca mais conseguir se sentir bem de novo. E talvez você esteja certa. Quando você está ali, de pernas e braços abertos, com alguém dentro de você, o estupro não é uma metáfora. Ele é definitivamente algo muito físico. É sangue derramado, coagulado e envenenado. E dói.

Li um artigo no *The New York Times* [60] sobre uma garota que tem o mesmo nome que eu. Souhayla tem 16 anos de idade e fugiu após passar três anos em Mosul, quando o homem que a capturou foi morto. Ele era do Estado Islâmico; ela é yazidi. A menina tinha 13 anos quando foi sequestrada, e passou os últimos três sendo constantemente estuprada, temendo pela própria vida. Quando reencontrou a família, correu até eles e abraçou-os. Mas logo parou de falar. Agora ela dorme a maior parte do tempo, e não tem forças sequer para ficar sentada. Os médicos que costumam examinar moças fugitivas como ela frequentemente relatam "sinais extraordinários de dano psicológico". Ela e outras fugitivas passam o dia deitadas no colchão, incapazes de se mexer.

Durante os dois primeiros anos de seu cativeiro, Souhayla foi estuprada por sete homens. No início das ações para tomar Mosul, a menina foi sendo transferida cada vez mais para o interior da área de conflito, perto do Rio Tigre. A pequena faixa de terra ficava sob fogo cruzado todos os dias. O Estado Islâmico começou a perder a luta, e então o homem que naquele momento mantinha Souhayla aprisionada cortou o cabelo dela bem curto, como o de um menino. O plano dele era tentar escapar com ela, disfarçados de refugiados, passando pelas forças de segurança iraquianas.

Souhayla agora vive com o tio, que passa os dias tentando fazê-la recuperar a saúde. O artigo do *Times* relata que ela não consegue nem ficar sentada sem ajuda. Depois que fugiu, "quase duas semanas se passaram antes que ela fosse capaz de ficar de pé por mais do que alguns minutos, com as pernas bambas".

O artigo traz uma foto de Souhayla. Ela está sentada numa cadeira com a cabeça inclinada para o lado, segurando um lenço estampado de bolinhas que cobre o rosto e a cabeça. Você só consegue ver seus olhos, olhando para a esquerda. Ela é magrinha, mas consegue dominar a foto. Poderia ser minha filha, que também tem 16 anos. Uma semente frágil, com poderes secretos.

Li centenas de histórias de estupro, falei com centenas de vítimas, mas essa foto de Souhayla instantaneamente atravessou todas as minhas defesas. É como se eu levasse um soco no estômago toda vez que olho a foto. É isso o que você deve sentir, e lembrar, agora que continuo nossa conversa sobre estupro: esse soco no estômago. O sangue escorrendo, ou coagulado, o horror – o horror.

Uma sacola de dentaduras

*Ela enfiou a mão na calça
e tirou uma bonequinha.*

— Sharonne Zaks, dentista, Melbourne, Austrália

O INSTITUTO NACIONAL de Saúde Mental dos Estados Unidos define o transtorno de estresse pós-traumático (TEPT) como "um distúrbio que se manifesta em algumas pessoas que experimentaram situações violentas, assustadoras ou perigosas".[61] Entre os sintomas estão as revivescências e uma série de outros, desde medos específicos a uma total incapacidade funcional. Considerando o nível de trauma existente no mundo – guerra, tortura, perdas, doenças, mal-estar global –, acho seguro supor que existe muita gente andando por aí (ou em casa, com a cabeça enfiada debaixo das cobertas) que sofre de TEPT.

Sobreviventes de estupro conhecem bem esse transtorno.

Se você foi estuprada no contexto de algum conflito, seja ele geopolítico, seja no seu próprio quarto, o estupro agrava as feridas já existentes. Mesmo que você tenha sido "apenas" estuprada, o TEPT pode colocar você de joelhos.

No meu primeiro emprego, fiz acompanhamento psicológico de centenas de mulheres que estavam em crise após um estupro. Algumas falavam comigo minutos ou horas após o que havia acontecido; outras ligavam depois de anos, ou mesmo décadas. Mas estavam todas em crise, e, embora não fizéssemos diagnósticos no Centro de Emergência ao Estupro, dava para ver que muitas delas tinham sintomas de TEPT. Nunca consegui fazer nenhum tipo de conexão consistente entre um trauma específico e o nível do TEPT, ou a maneira como se manifestava. Os seres humanos são complexos, e uma pessoa pode se recuperar rapidamente de um crime que acaba com o ânimo de outra.

Sean Grover dedica-se a fazer acompanhamento psicológico de soldados e está sempre interessado em compreender como alguém que tenha visto ou participado de pouca ação de combate pode acabar ficando transtornado, enquanto outra pessoa vive a experiência de uma bomba explodir no seu rosto, vê todos os seus companheiros morrerem e segue adiante sem problemas.

O Departamento de Assuntos de Veteranos dos Estados Unidos lista as seguintes reações a uma agressão sexual:

- Significativo distúrbio depressivo;
- Raiva;
- Vergonha e culpa;
- Problemas de socialização;
- Problemas sexuais;
- Abuso de álcool ou drogas.[62]

Tudo certo, e suponho que "problemas de socialização" pode abranger praticamente qualquer coisa, mas, assim como ocorre com outras pessoas que foram estupradas – ou torturadas, ou que tenham estado numa guerra, ou um monte de outras coisas que ninguém nunca deveria ser obrigado a experimentar –, você pode ser afetada pelas situações mais inesperadas. É o caso da odontofobia.

Embora poucas pessoas gostem de ir ao dentista, uma simples sessão de limpeza dentária pode despertar um horror específico numa sobrevivente de estupro. Na primeira vez que um homem com uma máscara no rosto chegou perto de mim depois do estupro, com instrumentos afiados, enquanto eu estava deitada desprevenida na cadeira dele, quase fugi correndo da sala. Eles não alertam a respeito disso nos folhetos. Não dizem que você pode ficar paralisada numa entrevista de emprego porque o homem que está entrevistando você usa uma gravata igualzinha à daquele que a estuprou. Não contam que você pode sentir pânico de engravidar porque ter um filho faria você ter que dar muita atenção à sua vagina, que historicamente não é um lugar pacífico...

Portanto, as sobreviventes sofrem uma dupla calamidade. Precisam conviver com fobias, medos e reações imprevisíveis, *e* acham que estão ficando doidas, porque ninguém mais costuma sentir as coisas desse jeito.

Quando falamos de trauma e recuperação, é muito frequente pensarmos em termos de padrões: se alguém é estuprado, o sexo fica complicado, e devemos ter compaixão quanto a isso. Mas o trauma do estupro, como o luto, pode se manifestar de muitas maneiras e fazer você achar que está ficando louca. Nenhuma das manifestações é loucura.

Eu não chorei muito no velório do meu pai, mas semanas depois, quando vi um pacote de biscoitos Oreo numa loja, eu desabei. É assim que acontece. Meu pai adorava esse biscoito. Eu posso ler a respeito de estupro, escrever sobre estupro, falar de estupro sem problemas; mas, durante muitos anos, ver um pijama listrado me dava náuseas, e a cadeira do dentista era algo para o qual eu precisava me preparar antes.

Nada disso faz sentido, mas quando falamos de estupro temos que reservar espaço para isso. Não faz sentido mesmo. É assim e pronto.

Sharonne Zaks é dentista em Melbourne, Austrália. É algo que corre na família: o pai e o tio são dentistas, e ela, além de trabalhar com o tio, administra a própria clínica. Desenvolveu um programa para cuidar de pacientes que tenham sofrido algum tipo de trauma e o aplica em seu trabalho. Ajudar sobreviventes de todos os tipos de trauma – guerra, tortura, abuso sexual – a obter tratamento dentário é uma "grande e apaixonante missão", contou-me. Sou fã de pessoas cuja meta é ajudar sobreviventes.

Pensar em cuidar de pacientes com trauma é algo que veio naturalmente para Sharonne. A infância dela tinha muito foco no trauma. Seus quatro avós haviam sobrevivido ao Holocausto, e ela cresceu assistindo a documentários "estressantes". Quando tinha 6 anos de idade, teve uma experiência traumática num hospital. Ela foi segurada a força, teve que tomar várias injeções, "e tudo aquilo foi horrível". Ela logo desenvolveu uma fobia de médicos, mesmo tendo médicos na família.

"Na minha prática, a relação mais gratificante é o processo para fazer com que os pacientes superem sua fobia de dentista. A vida das pessoas pode realmente ser virada de cabeça para baixo", ela me contou. "Muitos de meus pacientes, nesses meus vinte anos de atividade, são sobreviventes de traumas." As pessoas chegam até ela a partir de indicações, e seus clientes habituais viajam longas distâncias para serem atendidos por ela.

Sharonne constata uma grande lacuna na odontologia, assim como a relutância dos sobreviventes de trauma em procurar atendimento dentário. "Como dentistas, não somos educados sobre essa questão. Além disso, os pacientes não costumam relacionar a fobia ao abuso sexual."[63] Por essa razão, ela criou vídeos tanto para dentistas quanto para pacientes. Neles, a dentista dá dicas práticas sobre como tornar o tratamento odontológico suportável e positivo.

Para os pacientes, ela também fala da importância da saúde bucal. Com frequência, eles deixaram de ir ao dentista há muito tempo. Além disso, muitos comportamentos adotados por sobreviventes para lidar com o trauma, entre eles a automedicação, estão centrados na boca. Beber demais, fumar demais, consumir muito doce, comer em excesso, ranger os dentes – tudo isso tem efeito direto nos dentes e nas gengivas. Portanto, trauma e higiene bucal estão ligados de maneiras perigosas. Se você é sobrevivente de trauma, talvez se incline a ter comportamentos que causem dano direto à sua boca, mas, como sobrevivente de trauma, a tendência é que não procure ajuda para a sua boca *exatamente* pelo fato de ser uma sobrevivente de trauma. Trata-se de outro efeito colateral traiçoeiro.

"Seja como for, tratamos o tempo todo de pacientes ansiosos, mas como fazer para reconhecer sinais de abuso sexual? Muito da ansiedade está na relação dentista-paciente, e *não* no paciente", explica Sharonne.

Isso faz todo sentido para mim. Sobreviventes de estupro têm um forte desejo por controle. No meu caso, parte desse controle está na linguagem. Uso palavras para ajustar meu ambiente. Usei palavras para convencer meus estupradores a não me matarem. Uma das piores coisas que você pode fazer comigo é me imobilizar numa cadeira e colocar coisas na minha boca que me impeçam de falar. Às vezes, o simples fato de saber que a outra pessoa saiba disso pode ajudar. Num ensaio fotográfico sobre uma visita de estudantes de odontologia à Jamaica, promovida pela Universidade Tufts,[64] vi uma foto de uma garota com lágrimas escorrendo pelo rosto antes de uma extração dentária. O estudante, Michael Golub, perguntou se a menina havia sido abusada, e ela confirmou, dizendo também que as cicatrizes nos braços dela eram de queimaduras feitas com cigarro. Depois que ela lhe revelou isso, a extração foi rápida e não houve mais lágrimas.

"O que mais ajuda a pessoa a se abrir é que, no primeiro encontro, eu simplesmente sento e ouço", Sharonne me conta. "Eu não apresso de jeito nenhum. São elas que definem como tudo vai se dar no primeiro atendimento. Eu encorajo a dizerem o que quiserem, e acredito nelas. Tento descobrir o que elas querem e o que sabem. Incentivo que venham acompanhadas ou que tragam objetos que as distraiam ou lhes deem algum conforto. Ou que planejem alguma coisa gostosa para fazer depois. Evito deixá-las esperando. Pergunto se preferem a porta aberta ou fechada; se querem ouvir música. O ambiente do consultório é importante. Muitos procedimentos dentários são gatilhos. Mesmo escovar os dentes ou passar fio dental pode ser problemático. As pessoas não gostam de colocar coisas na boca. É um processo lento levá-las a começar a fazer isso. Você precisa ter paciência. Trata-se, em resumo, de devolver o controle à pessoa, com o máximo de empatia e com o mínimo de julgamento.

"Na realidade, trata-se simplesmente de compaixão básica. Você exerce um impacto imenso nas pessoas como dentista. Pode dar-lhes recursos que elas conseguem usar." Ela trabalha da maneira que todos deveriam fazer. Esteja aberto. Ouça. Não pressuponha nada. Não tire o controle da pessoa.

Anna é paciente de Sharonne há sete anos. Ela é mãe solteira. Foi abusada quando criança. Há pouco tempo, ela disse a Sharonne: "Nunca subestime seu impacto, Sharonne Zaks. Ser tratada por você me ajudou a sentir que tenho valor".

Isso renovou a crença de Sharonne de que a sua atenção aos detalhes é importante. "Você simplesmente não faz ideia da influência que exerce. A gente acaba achando que é tudo uma questão de estética e saúde bucal – você ajudar alguém a mastigar de novo, etc. Esquecemos os aspectos psicossociais."

É claro que, como ocorre com qualquer conflito humano que seja doloroso, o trabalho dela tem também um lado engraçado. Uma paciente que quer parecer confortável entra no consultório gritando: "Pare de falar, porra, e trate dos meus dentes!". Outra paciente canta para se acalmar. Ela canta sem parar, mesmo com o sugador de água e outros instrumentos dentro da boca. Ela estudou canto, entoa árias de ópera, e tem uma voz tão boa que as pessoas na sala de espera ficam em silêncio, ouvindo. Outra paciente também dá um bom exemplo do poder da música, que realmente merece um capítulo à parte. Ela se recusava a abrir a boca para o dentista até que Sharonne descobriu (com a cuidadora que a acompanhava) que ela adorava a Madonna. Agora Sharonne é a orgulhosa proprietária de todos os CDs que a Madonna lançou na vida. Ela canta a plenos pulmões e dança enquanto trata da paciente. Isso é que é dedicação. Outra paciente com histórico de severo trauma sexual vinha evitando ir ao dentista havia 35 anos. Ela chegou vestindo uma roupa bem folgada, amarelo berrante, cheia de bolsos.

"Estávamos todos muito concentrados no nosso trabalho", Sharonne contou. "Eu estava fazendo uma obturação nela. De repente, ouvi uma voz, bem alto, que vinha de debaixo da roupa dela. A enfermeira e eu não sabíamos o que fazer, então continuamos o trabalho. Aí ouvi de novo: 'Eu sou seu anjo da guarda!'. A paciente enfiou a mão na calça e tirou de lá sua bonequinha falante. Era o objeto transicional dela."

A odontologia é só um exemplo. Estudos têm mostrado que em quaisquer circunstâncias os pacientes se sentem menos ansiosos, recuperam-se mais rápido, saem mais cedo do hospital e geralmente ficam melhores quando os prestadores de cuidados de saúde conversam com eles, respondem as perguntas que eles fazem e são claros a respeito do que eles podem esperar de uma consulta ou de um procedimento.[65]

Num artigo de 2017, "Quando um tratamento contra o câncer retraumatiza sobreviventes de trauma sexual",[66] um oncologista e um psicólogo escreveram sobre uma paciente de câncer de mama, Mary, que ficou em choque e traumatizada com o tratamento recebido, a começar pela biópsia, que replicou sua experiência de ter se sentido indefesa quando foi sexualmente abusada na infância. Os autores escreveram:

> Enquanto ouvíamos Mary, ficamos não só surpresos, mas também inconsolados. Para nós, como psicólogos, foi como um castigo. Temos a ideia de que somos empáticos, já trabalhamos na clínica com muitos sobreviventes de abuso sexual, e, em nossas avaliações psicoterapêuticas iniciais, o procedimento padrão era sempre perguntar

a respeito de um possível histórico de abuso. Mas, num contexto de câncer, ficávamos muito focados no diagnóstico, no tratamento e nos efeitos adversos do câncer e de sua terapia...

Nunca mais. Isso nos fez abrir os olhos, e agora reconhecemos que muitos aspectos dos procedimentos clínicos – necessários do ponto de vista médico, bem-intencionados e aparentemente inócuos – têm, no entanto, o potencial de atuar como gatilhos emocionais, fazendo as sobreviventes de abuso se lembrarem do trauma original. Muitos procedimentos oncológicos, por exemplo, são feitos na penumbra (radiologia, radioterapia); com a exposição dos órgãos sexuais (em tratamentos mamários, ginecológicos, anais e de próstata); com o paciente sendo silenciado, imobilizado ou ficando indefeso (muitas vezes pede-se que o paciente não fale nem se mexa durante o procedimento); e fazem a pessoa sentir que está sendo controlada pelo outro, alguém capaz de fazer o que quiser com você (por meio de anestesia, de contenções ou dizendo para você ficar imóvel); envolvem penetração (por instrumentos, agulhas, mãos, dedos); e infligem dor. Todos esses são também aspectos comuns do abuso sexual.

Eles prosseguem e detalham as maneiras como os profissionais podem ajudar, fazer as perguntas certas e deixar os sobreviventes mais à vontade.

Há um padrão nisso. Os médicos entram em contato direto com os corpos das pessoas, mas não são os únicos que podem dar apoio a sobreviventes de violência sexual. Você pode ser um professor, um encanador, uma manicure, um motorista de táxi, um contador ou um amigo da família; é muito importante levar em conta que cada pessoa que você conhece tem uma história, tem alguma vivência de agressão.

É importante tentar descobrir o que pode ou não agravar a dor do outro.

Temos que estar atentos a perceber sinais de que alguém é vulnerável, perguntando quando tivermos dúvidas e levando em conta que cada pessoa teve uma vida inteira antes de entrar em contato conosco, para o bem ou para o mal. Às vezes para o mal – como outra noite, quando embarquei no vagão do metrô e me deparei com um homem sem calças que gritou "Sua filha da putaaaa!" assim que entrei. Nessas horas, o melhor procedimento é voltar imediatamente por onde você entrou, antes que a porta se feche atrás de você.

Parte de oferecer conforto e apoio é reconhecer os limites daquilo que você é capaz de fazer. Sharonne tratou de vários sobreviventes do Holocausto no consultório da família dela. "Eles entram com uma sacola cheia de dentaduras, umas quinze, digamos, feitas por vários dentistas, e dizem: 'Já fui em todos os dentistas daqui e nenhum deles presta, mas ouvi dizer que *você* é incrível e maravilhosa, e que vai resolver todos os meus problemas. Todas essas dentaduras aqui são um lixo!'. A questão nesse caso não é o dentista, mas um tipo específico de atenção. O que essas pessoas realmente procuram é outra coisa – amor –, e a odontologia é só um pretexto. Elas querem alguém que as compreendam."

Não é isso o que todos nós queremos?

O Homem Teflon*

> *Para encurtar a história, comportaram-se mal comigo, e, depois que apresentei queixa formal, fui vitimizada e continuei a trabalhar, apesar das conversas da administração de que estavam buscando uma alternativa digna que não dava em nada. Enquanto isso, o vilão do incidente segue em frente, nega todas as acusações, compra um carro novo e circula por aí vestindo casacos e ternos novos, como se fosse a última bolacha do pacote.*
>
> – e-mail, 2013

HILLARY GOODRIDGE ERA caloura de uma faculdade da Ivy League americana, que havia pouco tempo passara a admitir mulheres. Em seu primeiro ano, tudo estava em ordem. Tinha um namorado que era um anjo, gostava das aulas, e, no geral, se sentia de bem com a vida.

Ela começou a assistir uma aula sobre relações humanas, dada por uma das poucas professoras da faculdade, de quem ela gostava muito. Era uma turma grande, com

---

* *Teflon Man* [Homem Teflon] é um apelido dado a gestores ou chefes que não assumem responsabilidade por nenhum problema, que são impermeáveis a tudo – nada nunca os afeta. [N.T.]

apenas seis ou sete mulheres. Um de seus colegas, um rapaz nativo norte-americano e ex-fuzileiro, convidou Hillary para saírem juntos, e ela educadamente recusou, dizendo que tinha namorado.

Ele ficou decepcionado. "Ele disse: 'Vamos só tomar uns drinques'", ela me contou, "e eu disse: 'Não, obrigada' de novo."

Hillary e eu somos amigas, e ela é uma pessoa muito bondosa. Odeia dizer não, mas não queria sair com aquele homem.

Ele disse: "Por favor, só um drinque. Eu não sei como falar com garotas. Você é muito boa comigo. Será que não poderia me ajudar a melhorar isso? Só um drinque, num lugar público". Ele acabava de voltar ao *campus* depois de ter estado no Vietnã. Não havia mulheres na faculdade quando ele partiu.

Como comentei, ela é uma pessoa muito boa. Então ela disse que tudo bem, e eles saíram para tomar um drinque. Ele não tinha dinheiro na hora, então ela pagou. Ele falou que queria devolver o dinheiro, e ela disse: "Não, esqueça isso, está tudo certo". Ele insistiu que ela fosse até o quarto dele, e ela disse não mais uma vez.

Ele disse: "Por quê? Você não confia em mim?". Então ela foi.

No instante em que entraram no quarto, ele ligou o som e colocou uma música no último volume (até hoje ela não suporta ouvir aquela música), prendeu-a contra a parede e a estuprou. Ela gritou, mas ninguém ouviu, e ele agarrou o pescoço dela, sufocando-a, para que parasse de gritar.

"Fiquei com marcas horríveis dessa tentativa dele de me esganar", ela contou. "Mal me lembro do estupro, porque meu maior medo era morrer sufocada."

No dia seguinte, ele enviou-lhe uma rosa.

Hillary contou a uma amiga no mesmo dia, e foi até o reitor e ao médico no dia seguinte. O reitor disse que não poderia fazer nada, mas que daria apoio para que ela fosse à polícia se quisesse. Ele disse: "Mas ele é um ex-fuzileiro e um nativo norte-americano. Então, boa sorte com isso!".

Frustrada e traumatizada, Hillary procurou sua professora, que convidou todas as mulheres da classe para irem à casa dela. Hillary contou a todas o que tinha acontecido. Ela não suportava a ideia de que alguém mais pudesse passar pela mesma coisa.

Uma das colegas de classe foi até o estuprador e contou que Hillary havia revelado a agressão. Ele imediatamente ameaçou processar Hillary e a professora por difamação. Portanto, ela agora estava lidando com o trauma do estupro, com a angústia de viver no mesmo *campus* que seu estuprador e com a ameaça de um processo legal.

Ela descobriu bem mais tarde que o reitor havia falado com o pai dela, que contratara um guarda-costas para acompanhá-la por ali. O reitor também pediu a um dos amigos dela que viesse lhe relatar como ela estava indo. Ela só descobriu muito tempo depois que tivera uma escolta e um espião. Por melhores que fossem as intenções, havia agora dois homens decidindo o que era bom para ela, sem tê-la consultado. Ela precisava mesmo de ainda mais poder masculino na sua vida?

Já se passaram décadas desde o estupro, mas me sentei num café com Hillary, discutindo isso calmamente, e sei que o assunto nunca a abandona. Nenhuma de nós duas consegue imaginar se seu estuprador ainda pensa nisso ou não, mas o assunto nunca a abandona, mesmo que ela não esteja pensando nisso especificamente. Eu sei o quanto é enfadonho ter que decidir a quem contar ou não, como contar e quando.

Seu estuprador estava protegido por fazer parte de uma minoria e por seu status de militar. Não era o patrão dela, mas mesmo assim detinha um poder que ele poderia usar para intimidá-la e silenciá-la. O poder desempenha um papel no estupro de maneiras que transcendem ocasiões e motivos. O poder corrompe ainda mais tudo o que já foi corrompido pelo estupro[67]: em quem as pessoas acreditam, de quem é a responsabilidade, quem é punido e por quê.

Em 1997, Jennifer Freyd[68] escreveu sobre a teoria do trauma da traição, que lida com a dinâmica de suprimir memórias de abuso na infância. Ela sustentava que o trauma da traição aplica-se a outras situações, como o estupro marital.

> [...] quando uma mulher se sente dependente de seu parceiro, nutrir algum grau de desconhecimento do abuso pode ser uma adaptação para manter um sistema aparentemente necessário, ou necessário de fato, de dependência e submissão.

Freyd seguiu adiante para tentar compreender o que ocorre quando uma vítima ou um terceiro elemento confrontam abertamente um observador. Ela defende que os abusadores costumam reagir às acusações com "DARVO" – *Deny, Attack, and Reverse Victim and Offender* [Negar, Atacar e Inverter Vítima e Agressor]:

> A minha hipótese é que, se uma acusação é verdadeira, e a pessoa acusada é um abusador, a negação dos fatos é mais indignada, mais empolada e mais manipuladora em comparação com outros casos. Da mesma maneira,

tenho observado que os verdadeiros abusadores ameaçam, intimidam e criam um pesadelo para quem quer que os considere responsáveis ou que venha pedir para que mudem seu comportamento abusivo. Esse ataque, que tem a intenção de chocar e aterrorizar, geralmente inclui ameaças de processos, ataques ostensivos ou velados à credibilidade de quem espalha a notícia, e assim por diante [...] o agressor rapidamente cria a impressão de que o errado não é aquele que abusou, mas sim a vítima ou quem espalhou a notícia.

Duas décadas mais tarde, as palavras dela continuam sendo oportunas. O DARVO ainda funciona muito bem, é muito frequente, e é por isso que continua sendo utilizado.

Agora que estamos falando de pessoas poderosas, vamos examinar a história da cantora Taylor Swift e o problema que ela teve com assédio sexual.

Swift é idolatrada por milhões de garotas. As pessoas prestam atenção nela. Isso torna a história dela sobre o processo judicial por agressão com lesão corporal muito mais interessante.

Swift acusou David Mueller, um apresentador de programa de rádio, de ter levantado a saia dela e agarrado sua nádega durante uma sessão de fotos em 2013. Existe até uma foto que marca esse momento. A emissora de rádio demitiu Mueller. Ele então processou Swift (e a mãe dela!), pedindo três milhões de dólares por terem feito com ele que perdesse o emprego. Swift entrou com um processo de volta por agressão e lesão corporal, e pediu indenização de um dólar.[69] Ele queria dinheiro; ela queria defender uma ideia.

A transcrição de seu depoimento no tribunal é excelente. O advogado de Mueller, Gabriel McFarland, recorreu ao DARVO, e tentou atribuir a culpa a todos exceto a seu cliente – e Swift não tinha nenhuma parcela de culpa. Seu depoimento[70] no tribunal do Colorado merece um lugar nos tratados sobre empoderamento de gênero.

McFarland: Você sustenta que o senhor Mueller colocou a mão dele por baixo de sua saia e agarrou sua bunda descoberta.

Swift: Sim. Ele ficou agarrando a minha nádega descoberta enquanto eu me afastava dele, visivelmente perturbada com isso.

McFarland: Pode descrever de que maneira você se afastou do senhor Mueller?

Swift: Nós três estávamos em pé, enfileirados, do jeito que você posa para uma foto. Senti que ele agarrou minha nádega por baixo da minha saia. Nos dois primeiros milissegundos achei que devia ser algum equívoco, e então me afastei de lado bem rápido para que a mão dele fosse removida da minha nádega, mas a mão não se soltou.

McFarland: E você estava tentando se afastar do senhor Mueller o máximo que podia?

Swift: Eu fiquei o mais afastada dele possível, sendo que estava entrelaçada com duas pessoas, com as minhas mãos nos ombros delas.

McFarland: O senhor Mueller nunca havia agarrado sua bunda por cima da sua roupa?

Swift: Ele agarrou minha bunda por baixo da minha saia.

McFarland: Portanto você admite que o senhor Mueller nunca agarrou sua bunda por cima da sua roupa.

Swift: Em vez de agarrar minha bunda por cima da minha roupa, ele agarrou minha bunda por baixo da minha roupa.

McFarland: E o senhor Mueller nunca tocou seu traseiro de outra forma por cima da sua roupa.

Swift:	Ele estava ocupado em agarrar minha bunda por baixo da minha saia, portanto não a agarrou por cima da minha roupa.
McFarland:	E afora esse incidente por baixo de sua saia, o senhor Mueller nunca tocou você de outro modo inapropriado?
Swift:	Afora agarrar minha bunda por baixo da minha saia contra a minha vontade e de resistir a soltar a mão, ele não me tocou de outro modo inapropriado.
McFarland:	Depois que o senhor Mueller saiu do estande de fotos com a senhorita Melcher, você continuou atendendo os fãs.
Swift:	Sim.
McFarland:	Você continuou como se nada tivesse acontecido?
Swift:	Assim que o senhor Mueller e a senhorita Melcher saíram da área de atendimento aos fãs, havia outro grupo de fãs no estande de fotos, e eu teria sido obrigada a dizer a eles: "Desculpem, vocês poderiam sair um pouco enquanto eu falo com a minha equipe?".
McFarland:	Você achou que os fãs não iriam entender que você precisava de apenas dois segundos para que eles saíssem e voltassem logo em seguida? Você achou que isso iria estragar a experiência deles?
Swift:	Acho que quando as pessoas estão empolgadas e ficaram esperando horas na fila, depois de terem chegado bem antes da hora do show, eu não devo fazer nada esquisito ou deselegante, ou permitir que as pessoas se sintam inseguras. Eu quero que elas curtam esse momento de contato com o artista e com os meus shows. O que eu não quero é gente enfiando a mão por baixo da minha saia para agarrar minha bunda.
McFarland:	Você poderia ter se dirigido aos próximos da fila e dito: "É um grande prazer receber vocês aqui, mas eu preciso de dois segundos".

Swift:	Sim, e o seu cliente poderia ter feito uma sessão de fotos normal comigo.
McFarland:	Você não acha estranho que o seu guarda-costas pessoal, um cara profissional, treinado, tenha deixado esse cara grandão chegar perto de você, colocado a mão por baixo de sua saia, agarrado sua bunda, ter resistido a soltar a mão enquanto você tentava se afastar, e não tenha feito nada?
Swift:	O que o senhor Mueller fez foi muito premeditado, e o local que escolheu era muito premeditado, e tudo aconteceu muito rápido. Eu não iria culpar o Greg Dent por algo que o senhor Mueller fez. Nenhum de nós poderia esperar que isso fosse acontecer.
McFarland:	Mas o senhor Dent estava vigiando e prestando atenção. Você não acha que ele deveria ter visto você tentando se afastar do senhor Mueller?
Swift:	O que eu sinto é que essas perguntas deveriam ser feitas a ele, e não a mim.
McFarland:	Portanto você não critica seu guarda-costas por ter permitido que o senhor Mueller a apalpasse e depois saísse de fininho do estande de fotos?
Swift:	Não, eu critico seu cliente por enfiar a mão dele por baixo da minha saia e agarrar minha bunda.
McFarland:	Qual foi sua reação ao saber que o senhor Mueller havia sido despedido?
Swift:	Não tive nenhuma reação.
McFarland:	Não ficou surpresa ao saber que o senhor Mueller havia sido demitido.
Swift:	Eu só não queria ter que ver a cara dele de novo, e, no entanto, aqui estamos nós, anos mais tarde. Ele e o senhor estão me processando, e eu estou sendo culpada por acontecimentos tristes da vida dele, que são fruto de decisões que ele tomou, e não eu.
McFarland:	Acha que o senhor Mueller teve o que merecia?
Swift:	Eu não sinto nada em relação ao senhor Mueller.

McFarland:	Você não se importa com o senhor Mueller?
Swift:	Eu não tenho quaisquer sentimentos a respeito de uma pessoa que eu não conheço.
McFarland:	Vamos falar sobre a foto por um minuto. Você sustenta que a imagem mostra a mão do senhor Mueller por baixo da sua saia, segurando sua nádega descoberta, enquanto você tenta se afastar.
Swift:	Sim.
McFarland:	Ontem ouvimos de sua mãe que esse vestido tem um tecido firme, como uma tela de abajur, algo assim.
Swift:	Sim.
McFarland:	Você poderia me explicar, então, considerando a rigidez dessa saia – se a mão do senhor Mueller está de fato agarrando a sua nádega descoberta nesta foto, por que a parte da frente da saia não está deslocada?
Swift:	Porque a minha bunda fica na parte de trás do meu corpo.
McFarland:	Mas a saia é de tecido duro, então, como acabamos de conversar, quando você levanta um lado, a saia inteira levanta, como um abajur.
Swift:	Ele não levantou a parte da frente. Ele enfiou a mão por baixo da parte de trás da minha saia, agarrou minha nádega, e não queria mais soltar.
McFarland:	Na foto, você está obviamente mais perto da senhorita Melcher do que do senhor Mueller.
Swift:	Sim. Ela não estava com a mão na minha bunda.
McFarland:	Senhorita Swift, alguma vez já assistiu alguma série policial?
Swift:	Sim. Coloquei nome na minha gata inspirada na detetive Olivia Benson, da série *Law and Order: SVU*.
McFarland:	Já se perguntou por que, nas séries policiais, quando eles mostram uma fileira para identificação de suspeitos, eles colocam cinco ou seis caras por vez, e não apenas um?

Swift: A fim de criar uma fileira dessas no nosso caso, a gente teria que ter outros homens naquele encontro com os fãs que também tivessem enfiado a mão pela minha saia e agarrado minha nádega, mas não havia ninguém mais nessa situação. Ele foi a única pessoa que fez isso, em toda a minha carreira, em toda a minha vida.

Ela ganhou a causa. E mostrou a todas nós que você não tem que assumir a culpa. Colocar o homem como responsável não significa que você é fraca; na realidade, é o oposto. Sim, ela é rica e famosa, mas não escapou de ser molestada por uma não celebridade, que tinha total confiança de que podia fazer isso e escapar ileso.

É fácil criticar a cultura das celebridades, e dá satisfação, e lamentar o fato de que as estrelas de cinema e as grandes modelos influenciam a opinião pública pelo Instagram mais do que, digamos, um acadêmico com profundo conhecimento. Mas e daí? Quem disse que estrelas do cinema e modelos são mais superficiais e tontas do que o resto de nós ou do que qualquer dos nossos líderes políticos? Existem por aí muitos "especialistas" sem qualquer brilho, e algumas celebridades que são inteligentíssimas. E, bem ou mal, celebridades têm o poder de ganhar as manchetes. Elas definitivamente fazem parte da discussão. Ajudam a dar o tom. Portanto, eu digo, *tanto* Taylor Swift *quanto* a acadêmica Mary Beard ganharam espaço na discussão acerca do estupro.

Mesmo que não haja uma agressão sexual ostensiva, é muito perturbador quando alguém sai de seu papel predefinido. Um dos meus editores, num dos meus primeiros empregos no jornalismo, tinha o hábito de me abraçar de forma mais intensa e se demorar um pouco além da conta nos abraços. Depois de um tempo, eu evitava ficar a sós com ele.

Não que estivesse traumatizada com aquele toque um pouco mais próximo, mas é que isso tinha outro efeito perigoso: minava minha confiança. Esse era o homem que havia me arrumado o emprego, um homem de muito prestígio, e de repente me vi questionando se eu era de fato competente. Eu era mesmo qualificada para o trabalho, ou ele só me queria por perto por eu ser carinhosa, por não ter aversão ao toque dele? Ele havia usado seu poder para me dar uma oportunidade merecida, ou era só para poder contar com isso? Será que os homens poderosos têm noção do quanto eles podem bagunçar a nossa cabeça?

As chaves do reino

... e então ele continuou andando, dia após dia, esforçando-se com zelo para parecer um homem, mas sabendo dentro do peito que era um deus.

– Anthony Trollope, *O guardião*

EM NOVEMBRO DE 2016, logo após a eleição presidencial dos Estados Unidos, uma das clientes do terapeuta Sean Grover, uma mulher com um histórico familiar de abuso sexual, entrou no consultório dele prantos, mal conseguindo falar. Várias clientes dele foram afetadas de modo similar. "Muitas mulheres dos meus grupos que caíram em depressão após a eleição haviam crescido com um pai descontrolado ou abusivo. Ter um presidente que as deixava inseguras despertava de novo seu antigo trauma. Mais uma vez, elas se viam diante de um líder que não as protegia."

O fenômeno de mulheres reagindo tão visceralmente à perspectiva de ter na presidência um homem que havia dito "Agarre-as pela buceta"[71] foi relatado também pela mídia. Política à parte, por que tantas pessoas tomam isso como algo tão pessoal e o que isso diz a respeito da importância da liderança?

Líderes lideram. Presidentes, primeiros-ministros, reis e rainhas, executivos dos estúdios de Hollywood, CEOs, patriarcas de aldeias, diretores de escola, juízes... É para eles que o resto de nós olha para definir nossos padrões. Temos alguns modelos muito inspiradores, é claro (volte, Michelle Obama!), mas são mais difíceis de encontrar.

Silvio Berlusconi, que se vangloriava de estar tão ocupado fazendo sexo com menores de idade que só era primeiro-ministro da Itália nas horas vagas;[72] o rei da Suazilândia, que há pouco se casou com uma virgem de 15 anos de idade, escolhida de uma fileira de garotas com os seios à mostra;[73] magnatas que tratam mulheres como *commodities*; chefões de Hollywood, que têm mostrado a nós que todos aqueles mitos sobre teste do sofá não eram mitos. Ao redor do mundo, tendemos a dar a homens poderosos, desde líderes nacionais até os homens mais velhos da aldeia, um passe livre quanto ao tratamento dispensado às mulheres.

O estupro, seja de homens, seja de mulheres, tem sido historicamente uma ferramenta prática para os líderes. Zimbábue, Bangladesh, Uganda, Camboja, Bósnia... Há uma longa lista de lugares nos quais houve incentivo a campanhas de violência sexual, de forma explícita ou implícita, visando a espalhar terror e apoiar a limpeza étnica.

Estupro como ferramenta política é um dos muitos aspectos perturbadores desse tipo de abuso. Considere, por exemplo, a seguinte bizarrice: muitas culturas tendem a valorizar mais os meninos do que as meninas. No entanto, se você quer humilhar os homens de uma cultura, sua melhor aposta é estuprar as mulheres. Os garotos têm mais valor, mas vale mais a pena estuprar as mulheres. Isso reflete a essencial ironia de ser estuprada: ao mesmo tempo, você não é boa o suficiente e é boa demais. Você não tem valor, mas representa tudo o que valorizamos.

O estupro é uma das raras questões apartidárias: Democrata e Republicano, Congresso Nacional Indiano e Partido do Povo Indiano, Kuomintang e Comunista, Liberalismo e Reformismo, Trabalhista e Conservador – nenhum deles tem um monopólio seja em relação às vítimas, seja em relação aos culpados.

Os Estados Unidos atualmente têm no comando um predador sexual que se orgulha disso.[74] Ele tem afirmado coisas tão misóginas e desagradáveis que às vezes eu leio o jornal e fico me perguntando se não estou lendo uma sátira asquerosa. Durante as eleições, conforme a coisa ficava mais feia, muitas de nós acharam que, a cada nova revelação, comentário estúpido ou tuíte, com certeza ele estaria fora do páreo; mas ele simplesmente tinha vindo para ficar. Muitos homens, e mulheres também, acreditaram que ele era nossa única esperança para o futuro. E depois que os russos e o Colégio Eleitoral norte-americano deram cada um sua contribuição, lá está ele na Casa Branca, vomitando veneno todos os dias. Para pessoas que sofreram agressões, especialmente de alguma figura de autoridade, isso é devastador. O Grande Lobo Mau está no comando e não há a quem recorrer.

Em toda comunidade, grande ou pequena, a pessoa responsável dá o tom. Cultura familiar, cultura escolar, cultura nacional: voltamos o olhar para os nossos líderes, para descobrir como devemos pensar e o que devemos priorizar. Quando o presidente do país alardeia ter agredido mulheres, ele pode igualmente estar emitindo um sinal aos homens de que essa é uma maneira aceitável de agir, e dizendo às mulheres que ser atacada e desumanizada é o que lhes cabe.

Não me admira que a paciente de Sean tenha chorado desconsolada.

O estupro marital não é considerado crime em 38 países, entre eles a Índia, onde o Instituto de Pesquisas de Economia Compassiva relata que a maioria dos estupradores são os próprios maridos das vítimas.[75] Em setembro de 2017, o governo da Índia chegou a se posicionar *contra* a proscrição do estupro marital. Os legisladores do governo declararam que torná-lo crime iria desestabilizar a instituição do casamento, e que não deveríamos seguir cegamente o Ocidente nessas questões: o assédio aos maridos poderia se tornar um problema real. Em vez disso, deveríamos nos concentrar em questões como a pobreza. O comunicado do governo é uma obra-prima, com pérolas como esta: "O que pode parecer estupro marital para determinada esposa, pode não parecer assim a outras. Quanto ao que constitui estupro marital e o que constitui não estupro marital, isso precisa ser definido com precisão antes que se adote uma visão sobre a sua criminalização".[76]

E continua nessa linha. Na Índia, temos homens – e mulheres – nas altas esferas dizendo coisas odiosas a respeito da agressão sexual, ao mesmo tempo em que centenas de milhares de pessoas se manifestam nas ruas reivindicando leis melhores. O presidente das Filipinas, Rodrigo Duterte, fez piada dizendo que uma australiana vítima de estupro era tão bonita que o prefeito deveria ter alegado direito de precedência em relação a ela.[77] Grace Mugabe disse que as minissaias são um convite ao estupro.[78]

No Relatório Mundial AIDS-Free de 2019, intitulado Electing to Rape: Sexual terror in Mugabe's Zimbabwe [Elegendo para estuprar: terror sexual no Zimbábue de

Mugabe],⁷⁹ os autores resumem as implicações de líderes que, no discurso ou na ação, promovem o estupro ativamente, especialmente em épocas de conflito:

> Tiranos com ânsia patológica de poder têm organizado campanhas de estupro desde os tempos antigos, de Troia a Nanquim, de Serra Leoa a Chipre, do Paquistão Oriental a República Democrática do Congo e em outros lugares. E, no entanto, se juntássemos todos os que já foram condenados por orquestrar estupros em massa eles poderiam caber numa única cela [...] Eles sabem que é fácil recrutar homens pobres e rapazes criados em sociedades machistas para que "deem conta" de mulheres em troca de um pequeno pagamento. Sabem que utilizar brigadas de estupro é barato e rápido: dispensa armas pesadas, treinamento ou manobras. Sabem que visar as mulheres quebra a espinha dorsal, a vontade e a coesão das comunidades, deixando-as vulneráveis. Mais crucial ainda: sabem que o mundo é cego em relação às mulheres [...]

Líderes demais continuam a decepcionar, mas uma coisa mudou. Mais do que nunca, estamos *falando* a respeito de como nossos líderes – políticos, culturais – se posicionam em relação ao estupro. E isso não pode ser ruim. Três décadas atrás (esse é o meu ponto de referência, não tão aleatório como possa parecer) talvez não nos incomodasse o fato de os responsáveis por definir políticas de assistência médica para as mulheres norte-americanas – pessoas que decidem quais serviços deveriam ser oferecidos a vítimas de estupro ou adolescentes grávidas – serem todos homens brancos.

Agora que Donald Trump é o líder do chamado mundo livre, será que é bom ou é ruim que o lado mais corruptível do comportamento masculino esteja totalmente à mostra?

Flores crescem na merda. Donald Trump ajudou a adubar o #MeToo. Sua eleição, a Marcha das Mulheres em Washington, a grande onda de raiva que cresceu ao se acompanhar ao desprezo de sua administração por qualquer um que não fosse eles mesmos – tudo isso agiu para fertilizar o movimento. As revelações do caso Weinstein ao que parece foram apenas a gota d'água. As mulheres já haviam aguentado o suficiente e estavam finalmente prontas para abrir a boca – pelo menos aquelas que sentiram que eram capazes disso.

Talvez algo de bom brote ao nos vermos obrigadas a confrontar os absurdos com as quais convivemos no dia a dia, incluindo tudo, desde um apertão na bunda no metrô a um estupro seguido de morte no meio de uma floresta, sem nenhuma testemunha além de algum animal que passe por ali.

Breve pausa
para se enfurecer

ESTOU NUM BAT MITZVAH num tranquilo templo de Cambridge, Massachusetts. Do lado de fora, o sol do início de outono bate nas folhas de cores todas desencontradas; dentro, um espaço cheio de pessoas que vieram apoiar e celebrar o amadurecimento de uma adolescente. A rabina tem cabelos compridos, grisalhos, e um daqueles rostos de mulher sábia, de alguém que já viu de tudo na vida e continua a sorrir. Ela nos dá as boas-vindas com alegria. Fala sobre como todos podemos trabalhar para tornar o mundo melhor a cada dia. Nos faz repetir "Aleluia" várias vezes. Ela tem uma atitude muito adequadamente positiva, e sua aparência, de modo geral, combina com a minha, portanto não sei bem por que estou inquieta no meu assento e cada vez mais incomodada. E então, do nada, como se um raio tóxico atravessasse a janela iluminada pelo sol e oxidasse meu ânimo, eu me vejo absolutamente tomada pela raiva.

Ele mandou uma rosa no dia seguinte!

Estou relembrando que um colega de faculdade de minha amiga Hillary a estuprou, esganou, aterrorizou e no dia seguinte mandou uma rosa para ela. Ele se mudou para a Carolina do Norte e ainda deve morar lá. Estou com muita raiva. A mulher continua falando sobre amor e redenção, e eu estou me afogando num mar de bile e amargura. *Ele mandou uma rosa para ela.* Não quero ouvir nada sobre amor, e alegria, e passarinhos azuis cantando nos lilases. Eu quero:

- Sair desta sala pisando forte.
- Entrar no carro.
- Dirigir até a interestadual 90 no sentido oeste.
- Pegar a saída 9 para a I-84.
- Pegar a saída 57 para a CT-15S.
- Pegar a saída 86 para entrar na I-91.
- E assim por diante, seguindo direto pela 87, 95, 80, 40, I-495, etc. etc.
- (Parar para fazer xixi em algum lugar no caminho – minha bexiga funciona até quando fantasio coisas.)
- Pegar a NC-540.
- Pesquisar no Google onde ele mora exatamente.
- E doze horas depois de ter saído do templo...
- Encontrá-lo.
- E matá-lo.

Não podendo fazer isso, quero levantar e gritar ESTUPRO! Do mesmo jeito que alguém levanta e grita FOGO! Imagine: quantas mulheres naquele espaço iriam instintivamente cruzar as pernas?

A rabina não pode ser culpada pela minha fúria asfixiante – ela está fazendo seu trabalho e o faz bem. E não costumo ser uma pessoa raivosa. É que simplesmente há dentro de mim uma brasa ardente de raiva, que costuma ficar enterrada debaixo do meu genuíno bom humor e da minha fé na humanidade, e às vezes ela é deflagrada. Fico imaginando se todas as sobreviventes têm isso. É raiva da completa crueldade e indiferença dos homens que estupram. Sua indiferença em relação aos sentimentos de outra pessoa, e em relação à integridade de outro ser humano. Indiferença a ponto de mandar uma rosa no dia seguinte, talvez sem sequer saber que aquilo que fez é errado, ou que agora tornou a vida de outra pessoa muito mais difícil – a troco de quê? Será que eles chegam a se lembrar disso depois?

Eles seguem em frente com a própria vida e não dão a mínima, e eu simplesmente quero ir até a Carolina do Norte e cometer um homicídio.

Recomendado: uma conversa normal

Todo o sistema cria uma dicotomia entre as mulheres puras e as que são para foder.

— Kalki Koechlin

EU PASSEI A vida num lar muito aberto. Discutíamos qualquer assunto que surgisse durante as refeições. Estupro nunca apareceu na conversa. Não sei por que, mas nunca apareceu.

Depois do estupro coletivo e assassinato do dia 16 de dezembro de 2012 na Índia, quando aquele meu velho artigo passou a circular na internet, constatei que, apesar de toda a abertura que havia na minha casa, a minha filhinha de 11 anos de idade não tinha ideia dessa parte do meu passado. Isso nunca havia sido mencionado. Por que motivo, não sei; mas nunca foi.

A menina de 11 anos sabia o que era estupro. Ela só não sabia que havia acontecido comigo. Por alguma razão, nunca surgira um momento adequado para revelar isso. E agora o momento havia chegado. Era preciso contar, antes que ela soubesse por outra pessoa.

O que eu deveria dizer? Como apresentar isso? Será que ela ficaria traumatizada? Ela era uma coisinha tão querida, e eu era a sua severa *Amma*.[*] Como é que eu poderia lhe contar aquele episódio terrível que havia acontecido comigo? Perdi o sono. Liguei para as pessoas. Fiquei agoniada. Até que o pai dela, meu sábio parceiro, colocou isso de maneira objetiva.

"Acho que você está esquecendo algo realmente importante", ele disse. "Toda essa loucura em torno do estupro, essa bagagem toda, esses pensamentos, são uma coisa nossa. Ela não tem bagagem nenhuma. Ela não sabe que isso é considerado algo vergonhoso, que pode destruir a pessoa; não sabe nada disso. Ela só sabe de você, e vê que você é forte e feliz. Isso é o que importa."

Uma das minhas decisões mais inteligentes foi casar com esse homem.

O Grande Momento aconteceu no café da manhã, e no jantar. Eu simplesmente comuniquei o fato. Como ela já sabia o que era violência sexual, não precisei entrar em detalhes. Eu disse que aconteceu comigo quando eu tinha 17 anos, alguns homens me estupraram, fiquei machucada, todos cuidaram de mim, e agora estou ótima. Então fiquei quieta e esperei, achando que ela talvez fosse pirar, ficar horrorizada, me julgar de algum modo, chorar, gemer, perder a fé no mundo.

Ela ouviu, assimilou, e disse: "Certo, mãe. Me passa o queijo, por favor?". E ficou nisso. Agora, é algo que simplesmente passou a fazer parte da história da nossa família.

Espero que ela nunca tenha que lidar com essa questão. Mas tenho certeza de que terá. Precisamos encarar o

---

[*] *Amma* é "mãe" em hindi, a língua oficial da Índia, além do inglês. [N.T.]

fato de que, não importa o quanto a vida dela seja gloriosa, em algum ponto alguém que ela conhece será estuprado. E quando isso acontecer, ela vai saber que é possível sobreviver e desabrochar, e vai saber que não será a primeira vez que isso acontece. Essas coisas soam muito pequenas e simples, mas elas são essenciais. Pergunte a quem quer que já tenha se sentido sozinha e sem esperança.

Quando o artigo reapareceu, meu irmão me ligou às 6 horas da manhã (eu estava na cama, cobrindo a cabeça com as cobertas, reclamando de mim mesma por ter sido uma completa idiota e me expor dessa maneira, e me recusando a olhar o jornal). Ele teve que contar ao seu filho de 12 anos de idade, antes de ele ir à escola, pois lá eles liam o *Times* na classe todo dia, e ele ia ver a tia estampada na página do jornal. Então meu irmão contou ao menino, que teve a mesma reação calma, com um interesse meio vago. E isso, mais uma vez, foi tudo.

É muito fácil! É muito fácil simplesmente contar. Conversamos com eles sobre genocídios e justiça, planetas que estão morrendo e pessoas responsáveis por matá-los, corrupção e caos, mas de algum modo a violência sexual nos coloca num redemoinho de incerteza e de incoerência, e diante dela parece que nosso cérebro vira mingau. Vamos parar com isso. É muito mais fácil atualmente do que era há cinco anos, já que agora realmente virou parte da conversa.

Manassah Bradley era um adolescente feliz e despreocupado numa escola do ensino secundário de Boston para alunos de alto desempenho. Um dia, um professor que ele não conhecia pediu que o acompanhasse até uma sala de leitura, para ajudá-lo a arrumar os livros. Manassah me contou a história.

"Entramos na sala e na mesma hora a coisa virou estupro e tentativa de homicídio. Ele agarrou meu pescoço com força enquanto me estuprava e achei que ele fosse me matar. Foi realmente horrível. Perdi a consciência e fui para outro lugar. Eu flutuava acima de mim. Era lindo. Então pensei, *se você não revidar, vai morrer*. Comecei a me debater. Depois que terminou, fui até a enfermaria da escola e disse que estava doente, e eles simplesmente me dispensaram e voltei para casa. Eu estava em choque, catatônico. Era como se andasse por uma tela de Dalí ou Picasso. Estava num lugar totalmente surreal. Fui para casa, pensando, *você precisa se recompor*. Cheguei em casa. Minha mãe perguntou: 'O que aconteceu? Você está bem?'.

"Eu não disse nada, pois não sabia o que havia acontecido. Não sabia o que era estupro, então não podia dizer 'Mãe, hoje fui estuprado'. Um ano e meio mais tarde, minhas tias estavam falando da Connie Francis, que havia sido estuprada sob ameaça de arma de fogo. Ouvi a conversa delas e pensei, *foi isso o que aconteceu comigo!*"

Ele não sabia o que era estupro, portanto não tinha como contar a ninguém. Infelizmente, seu suplício ainda não havia terminado. Anos mais tarde, quando ligou para um Centro de Emergência ao Estupro, eles encerraram a ligação dizendo que homens não podiam ser estuprados; eles só podiam ser estupradores (isso não aconteceria agora, décadas mais tarde). Quando ele procurou a polícia, disseram que ninguém iria acreditar na sua palavra contra a do professor, e que era para ele voltar para casa e esquecer o assunto.

Em 2013, o bispo Desmond Tutu, Jacob Lief (fundador e CEO da Ubuntu Pathways) e eu escrevemos um artigo em conjunto no *The Guardian*,[80] no qual dissemos:

O estupro se tornou um assunto presente em toda parte, e isso é estimulante, pois se trata de uma mácula global da nossa humanidade. Mas muito poucos prestaram atenção à maneira como isso afeta o grupo mais importante de todos: a próxima geração, que está em posição de herdar essa nossa bagagem venenosa.

[...] Cada um de nós três lida com essa questão de maneiras diferentes no nosso cotidiano e, no entanto, somos também culpados por apenas protestar de forma articulada do lado de fora, deixando a questão em segundo plano quando sentamos para jantar com nossas famílias. Até que o estupro e as estruturas que o tornam possível – machismo, desigualdade, tradição – passem a fazer parte de nossa conversa à mesa com a próxima geração, ele continuará existindo. É tranquilo e confortável falar de estupro? Não. Mesmo assim devemos falar? Sim.

[...] Você não perde a inocência quando fica sabendo da existência de atos terríveis; você perde a inocência ao cometê-los. Uma cultura aberta, de tolerância, honestidade e discussão, é a melhor maneira de salvaguardar a inocência, e não de destruí-la.

A casa em que fui criada ficava numa rua muito bonita. Havia um caminho sinuoso da casa até o portão, e quando meu irmão e eu éramos pequenos, passávamos horas, anos, brincando os dois sozinhos no jardim. De vez em quando, íamos até o portão dar uma olhada no mundo lá fora. Uma tarde, um homem passou por ali e disse para a gente chegar mais perto do portão. Fomos até lá e então ele pôs o pênis para fora, o sacudiu em nossa direção e depois seguiu seu caminho. Ficamos um pouco constrangidos, mas sem nenhum trauma específico. Não contamos a ninguém.

Por que não? Não estávamos com vergonha. Nem feridos ou assustados, mas com certeza havia sido um evento estranho, só que outros eventos estranhos a gente costumava contar a nossos pais. Mas sobre esse nunca contamos, e vida que segue.

Não acho que sacudir o pênis seja algo particularmente odioso, embora, é claro, se encaixe no rótulo de abuso sexual, seja de que tipo for. Minha opinião é que não tínhamos um contexto ou uma linguagem para falar sobre isso ou pensar a respeito. Eu imagino que se ele tivesse entrado e realmente tentado encostar em algum de nós, teríamos fugido, ou contado isso a alguém, ou simplesmente ficado ali perplexos. O episódio todo foi sumindo da memória, e a única coisa de que me arrependo agora é que não tivemos o prazer de ver minha mãe gritando com o cara, como nunca teria gritado na vida, para expulsá-lo de lá.

Perguntei a um amigo se ele havia falado sobre abuso sexual com a filha de 9 anos de idade. Sua resposta foi: "O que eu disse a ela foi que ficar pelada dentro de casa com a família, tudo bem; mas ficar pelada com estranhos, não, e se alguém disser que quer ficar pelado com ela, que não seja um de nós, ela tem que nos contar isso correndo. Se a gente não estiver por perto, ela deve procurar alguma senhora e pedir ajuda".

Imagine que bom seria se alguém tivesse falado sobre isso com Dulcie, 84 anos de idade, que foi estuprada por vários homens quando criança, na época da Grande Depressão. Imagine que bom seria se alguém tivesse se dado ao trabalho de explicar-lhe a mecânica básica da reprodução humana, e a poupasse da agonia que sofreu durante anos após ter sido estuprada, ficando em pânico todo mês por achar que poderia estar grávida.

Embora contar a nossos filhos sobre estupro seja relativamente simples, falar com eles sobre a cultura do estupro é bem mais complicado.

Uma amiga contou que estava lendo os mangás *Buddha*, de Osamu Tezuka, junto com o irmão dela de 9 anos de idade. "Ele me perguntou: 'Por que as mulheres estão peladas?'", ela me contou. Ela pediu ao menino que observasse melhor, e disse: "As mulheres estão sem camisa, assim como os homens. Elas não estão peladas". Na cabeça dele, os homens, mesmo expondo o peito, continuavam vestidos, mas as mulheres tinham que estar com o peito coberto. Ele não tinha ideia de que era possível aplicar os mesmos padrões a ambos. É um detalhe, mas são conversas desse tipo que precisamos ter.

Se você precisar de exemplos de "dois pesos, duas medidas", encontrará muitos deles nas dinâmicas difíceis de engolir que acontecem em muitos lares – aquelas em que o menino da casa é o *ladla* da mãezinha dele, o queridinho, e se acostuma a ser servido e a conseguir o que quer rapidinho. Esses menininhos vão crescer e virar homens que gostam de suas mães, mas que não transferem necessariamente esse respeito para as mulheres, suas esposas ou qualquer outra mulher do planeta. Acabam tendo a visão de que o mundo lá fora é todo cheio de escravas-com-partes-sexy e que são adorados por elas.

Muito tempo atrás, aluguei uma cobertura em Déli. A proprietária morava no apartamento de baixo, com o filho adolescente e a filha. A passadeira de roupa da região, Rampyari, montou sua barraquinha debaixo de uma árvore perto dali. Ainda posso vê-la na mesa dela, com seu ferro de passar gigante. Ela o aquecia enchendo-o de carvões em brasa, supridos por uma fogueira perto dela, alimentada pelo seu velho marido. Quando a filha da dona do meu apartamento tinha roupas para passar, ia até lá e entregava a Rampyari. Quando o filho precisava que suas camisas fossem passadas, ele simplesmente abria a janela e atirava as roupas dele lá de cima. Se caíssem na terra, era a passadeira que tinha de limpá-las. Toda vez que eu ouvia o garoto gritar pela janela e atirar suas roupas para a passadeira, checando para ver se ela tinha conseguido pegá-las a tempo, eu era consumida por uma raiva solitária, pisava duro pelo meu terraço e ficava resmungando para mim mesma.

Cultura do estupro. A totalidade de todas as coisas grandes e pequenas que fazemos, dizemos e acreditamos e que em última instância leva à conclusão de que não há problema em estuprar. Talvez não sejam todas as pequenas coisas: servir seu filho primeiro, como toda boa mãe indiana gosta de fazer, não significa que você endossa o estupro; fazer piada de mulher dirigindo mal não significa que você endossa o estupro; poupar para o dote da filha não significa que você endossa o estupro; dizer no parquinho que "menino não tem jeito, vai sempre agir como menino" não significa que você endossa o estupro. Mas cada uma dessas coisas tira uma lasca do respeito próprio de mulheres e meninas, e faz os meninos se sentirem um pouco mais autorizados, um pouco mais importantes, como se tivessem passe livre para circular pelo mundo e pegar o que quiserem sem pensar duas vezes.

Se queremos ensinar nossos filhos a se tornarem seres humanos decentes, que respeitam os outros e a si, temos que lidar com ideias de masculinidade e feminilidade. E de patriarcado. Não, não fuja. Realmente precisamos.

A escritora feminista, teórica e professora Cynthia Enloe escreve:

> O patriarcado é uma rede complexa, tanto de atitudes como de relacionamentos, que posiciona mulheres e homens, meninas e meninos em categorias distintas e

desiguais, que valoriza formas particulares de masculinidade em detrimento de praticamente todas as formas de feminilidade, e que – e isso é crucial – garante que os homens que adotarem essas formas favorecidas de masculinidade serão capazes de afirmar controle sobre a maioria das mulheres.

Em outras palavras, o patriarcado é amplo e complexo. Embora distinto deles, alimenta-se tanto do racismo quanto do classismo. As elaborações do patriarcado não são automaticamente rejeitadas por mulheres e meninas. Há muitas recompensas para uma mulher que encontra formas de se encaixar num sistema patriarcal: a segurança econômica marital, a respeitabilidade social; até mesmo honrarias de estado ocasionais. A mulher que não se rebelar contra o patriarcado será elogiada por sua beleza, por sua feminilidade, por sua lealdade (na qualidade de filha, esposa, secretária); será elogiada por sua paciência, seu bom senso, suas aptidões domésticas, sua devoção maternal, seu poder de atração, seu cuidado.[81]

Não podemos falar sobre privilégios dos homens sem falar sobre as mulheres que também se beneficiam disso por aceitá-los. E são essas as conversas que precisamos ter nas nossas famílias: as recompensas e as desvantagens de aceitar um sistema que diz que os homens devem levar vantagem e as mulheres, permitir isso.

Em seus grupos de terapia para adolescentes do ensino médio (16 a 18 anos de idade), o terapeuta nova-iorquino Sean Grover costuma pedir aos participantes que criem uma situação hipotética. Imaginem dois adolescentes da sua idade, um menino e uma menina, que gostam um do outro e decidem fazer sexo. Será a primeira vez de ambos. Os dois estão animados com a ideia e gastam um monte de energia planejando, discutindo, montando uma situação perfeita para que aconteça. Por fim, estão prontos, têm privacidade, camisinhas, tudo certo. Eles começam as preliminares e a tirar a roupa. De repente, a menina diz: "Espere... Mudei de ideia. Não quero mais fazer isso". O que acontece, então? Invariavelmente, ocorre uma divisão no grupo, Sean me contou. Não é algo previsível – os meninos e as meninas não ficam sempre do mesmo lado. Mas sempre há uma discussão entre aqueles que acreditam que ela tem o direito de dizer não a qualquer hora e desistir, e aqueles que dizem: "Isso não é justo! Eles já decidiram. Ela não pode voltar atrás agora".

Nesse caso, não se trata de soldados que receberam ordens de seu comandante para estuprar mulheres em campos de refugiados, ou homens mascarados escondidos atrás de arbustos, esperando um provável alvo passar em sua corrida matinal. São adolescentes norte-americanos do século XXI que são privilegiados, cujos pais têm recursos para mandá-los a um terapeuta para falar sobre os próprios sentimentos. Esses meninos podem crescer e virar ou um Brock Turner ou os homens que acudiram a mulher que ele agrediu sexualmente.

Essas conversas vão além de sim e não. Elas tocam na essência do que significa ser um homem, e na nossa visão acerca de masculinidade e feminilidade.

Hora da saída na escola da minha filha, num dia de sol no início do outono. Um grupo diversificado de adolescentes de todas as conformações, tamanhos e raças se reúne na calçada conversando. Passo os olhos rapidamente por eles: o menino pardo de agasalho com capuz, a menina negra de *legging*, o garoto loiro de 1,80 metro com um vestidinho vermelho muito gracioso, que deixa à mostra suas pernas peludas. Eu volto a olhar, mas resisto à tentação de sorrir para ele com aprovação e fazer um sinal positivo com o polegar, com receio de me mostrar paternalista, superior. Será que ele é bi, trans, ele, ela, elxs? Será que simplesmente está se sentindo lindo hoje? Por que iria se importar com uma mulher desconhecida demonstrando aprovação? Ninguém ali parece minimamente preocupado com essas coisas.

Isso é fabuloso. Quando começamos a subverter nossas ideias tradicionais sobre o que significa ser homem ou ser mulher, quando um adolescente barbado põe um vestido para ir à escola, e isso não é problema, significa que estamos chegando ao cerne de todas as nossas suposições a respeito de poder, atuação e direitos individuais. Além disso, há uma linha direta daqui até a maneira como tratamos as pessoas, e até as condições pelas quais poderíamos finalmente tornar o estupro uma aberração em vez de simplesmente outra ocorrência cotidiana.

Em 2012, agressores sexuais contribuíram com o seu lado da história em uma publicação no site Reddit, e transcrevo aqui exatamente o que expressaram.[82] Um deles escreveu:

> Eu era calouro na faculdade e estava saindo com essa garota que ficou nua na cama comigo, mas que na hora H disse não. Acho que ela só queria sexo oral. Eu estava muito excitado e já muito decidido a transar, então ignorei o que ela disse e fui em frente. Ela percebeu o que estava acontecendo e tentou ficar com as pernas fechadas, mas já era tarde demais, e eu era muito mais forte do que ela.

Outro escreveu:

> Sou um cara bonito, e sempre consegui arrumar garotas com muita facilidade. Atualmente estou casado com uma mulher bonita, que eu conheci durante essa época da minha vida (não é alguém que estuprei, mas alguém que

conhecia minha fama durante esse tempo). Então, seja como for, depois de um tempo achei monótono sair com aquelas vagabundas e universitárias patricinhas que moram em república, que ficam atrás de você oferecendo a buceta. Eu queria a emoção da caçada, e foi isso que me levou a forçar a barra com as meninas. Eu ia atrás de garotas atraentes, que sabiam do seu charme. Garotas bonitas, com um jeito mais reservado; não o tipo extrovertido, mas sim, principalmente, as introvertidas, meninas que não eram muito de ir a festas ou de fazer maluquices. Se possível, uma garota que tivesse sido um pouco magoada, ou tido um ex-namorado sacana, ou problemas familiares, que viesse de uma cidade pequena, provinciana, esse tipo de coisa. Então, quando eu demonstrava interesse, elas ficavam completamente apaixonadas, quase chocadas ao verem um cara popular como eu, bonito, e de quem as outras gostavam, falando com elas. Eu arranjava um primeiro encontro na biblioteca, na cantina, num grupo de estudos, ou numa festa, onde eu dava um jeito de convencê-las de que eu era um cara muito legal. Eu ficava ouvindo o que elas diziam e fazia com que se sentissem especiais, como se fossem princesas. Às vezes a gente até se pegava um pouco naquela noite (beijo, um amasso, nada além disso). No dia seguinte, eu ligava e via quando elas queriam sair de novo. Eu dava alguma desculpa para não sair e, em vez disso, arrumava um jeito de elas virem tarde da noite no meu apê. Era época de faculdade, e a maioria não tinha carro para sair do *campus*; então ao marcar um encontro, era muito comum as pessoas combinarem de assistir a um filme juntas ou algo assim.

Então elas vinham, e eu sempre deixava o quarto bem frio, frio o suficiente para que, na hora que a gente começasse a ver o filme, eu pudesse comentar alguma coisa sobre o frio, para buscar um cobertor grande e felpudo. Assim, a gente ficava mais perto um do outro e, em alguns momentos, até esquecia do filme pra trocar uns beijos.

Depois de um tempo, a gente conversava mais um pouco, e eu começava a passar a mão pela parte de baixo do sutiã, ou enfiava um pouco a mão dentro da calcinha dela, só chegando mais perto, meio como quem não quer nada, para testar a reação dela. Algumas meninas travavam um pouco, e aí você sabia que não aceitavam muito bem o que estava acontecendo. Meu apartamento era pequeno, então a cama servia de sofá, e era fácil ir deslizando aos poucos durante o filme até a gente ficar quase deitado. Era dessa forma que eu podia me virar e ficar por cima dela. As meninas geralmente não sabiam como reagir. Algumas topavam, e nessas noites geralmente rolava sexo consensual e monótono; às vezes ainda eram necessárias mais algumas visitas noturnas até eu conseguir o que queria. Mas as melhores noites eram com aquelas que resistiam, que não queriam ceder. Eu tinha que fazer com que ficassem quietas, e tentar levar a coisa devagar o suficiente com elas para que não soubessem direito o que estava acontecendo, até que já estivesse acontecendo de fato. Eu sou um cara forte, com mais de 1,80 metro, e quase cem quilos, e a maioria dessas meninas devia ter uns sessenta quilos; eram realmente pequenas e fáceis de imobilizar. Para ser franco, mesmo agora relembrando, o fato de a menina se debater sempre tornava a coisa melhor. Elas não queriam que acontecesse, mas não conseguiam fazer nada a respeito. A maioria delas nem sequer dizia não. Elas acham que você é um cara legal, que vai captar as dicas que estão dando; não querem precisar dizer "não" e admitir para elas mesmas o que está acontecendo. A bebida ajudava. Tomar alguns drinques durante o filme, ou fazer umas gelatinas com vodca que ficavam ali, como se tivessem sido "preparadas para uma festa que você ia dar naquele fim de semana". Era um truque que costumava funcionar.

 O que acontecia depois variava bastante. Algumas meninas iam embora em 15 minutos. Outras ficavam até de manhã e então iam embora. Umas poucas tentavam ligar de volta, às vezes até se culpando pelo que havia acontecido, esse tipo de coisa. Nunca me preocupei muito em ser pego. Todo mundo me conhecia, e eu tinha bastante contato com a polícia, com os administradores e demais autoridades do *campus*. Eu tinha certa intimidade com o reitor, chamava ele pelo primeiro nome, e com o diretor do centro acadêmico, ou seja, se pintasse alguma situação em que a minha palavra ficasse contra a dela, eu imaginava que me sairia bem disso. O fato de conseguir que a menina viesse até o meu apartamento também ajudava a coisa parecer menos predatória, uma vez que foi ela quem tinha vindo à minha casa e "poderia ir embora na hora que quisesse".

Lendo esses relatos, confirmo por que é perigoso quando dizemos que o estupro não tem nada a ver com sexo. A maneira como falamos sobre sexo pode alimentar a cultura do estupro. É muito importante falar com os filhos o quanto antes sobre consentimento e controle das próprias ações. Nicole Cushman, da Answer, uma organização de educação sexual, explica isso muito bem:

> A educação sexual de alta qualidade pode e deve equipar os jovens com a linguagem e as ferramentas necessárias para que compreendam e critiquem os papéis de gênero e poder em suas amizades e seus relacionamentos românticos. Criar espaços seguros na sala de aula para que os estudantes explorem esses assuntos pode começar a criar mudanças culturais nas normas de gênero e nos comportamentos relacionados a esses padrões [...] É apenas lidando abertamente com esses assuntos, expondo com clareza as discrepâncias e dissonâncias que estão implícitas na cultura do estupro, que vamos começar a criar um novo paradigma, no qual vítimas recebam crédito, limites sejam respeitados e relacionamentos saudáveis sejam estabelecidos.[83]

A vida seria mais saudável em todos os aspectos se as mulheres gastassem menos tempo assustadas e mais tempo expressando sua legítima indignação. Por que será que temos tanto medo de "mulheres enfurecidas"? Acho que isso é algo que devemos às nossas filhas, ensinar-lhes que precisamos expressar nosso descontentamento.

Laila Atshan, uma assistente social palestina, contou-me a respeito de uma recente oficina com "vinte mulheres numa sala". Elas estavam preocupadas com as filhas, que corriam risco de abuso no meio da tensão dos territórios ocupados. Elas relutavam em falar com as filhas, pois isso acrescentaria mais medo ainda às suas vidas já tensas. Ela, então, disse às mães: "Nada de segredos. Problemas que são como formigas viram elefantes se você fizer de conta que eles não existem e não lidar com eles".

Excelente conselho, embora o estupro não seja nem uma formiga nem um elefante – vamos deixar o reino animal fora disso. Como eu disse antes, palavras são poderosas. Se uma criança for molestada, ela ou ele tem muito menos probabilidade de relatar isso se não souber quais palavras usar.

As crianças geralmente são pequenas esponjas inteligentes e captam conselhos muito bem. Portanto, falar com elas sobre respeito e consentimento é importante, mas não é suficiente. Devemos caracterizar direito, e isso é um desafio constante. Talvez outras pessoas sejam mais esclarecidas do que eu, mas sei que, não importa o quanto me considere informada, é muito fácil eu "escorregar" e fazer suposições machistas, racistas e culturais. Por que fico tão feliz quando vejo uma jovem de *hijab* lendo Sylvia Plath numa sala de espera de aeroporto? Por que raios ela *não iria* ler Sylvia Plath? Minha aprovação tem a mesma dose de paternalismo que a atitude dos colegas do meu pai que me davam tapinhas na cabeça quando eu tirava notas altas na escola.

A ideia de honra também é capciosa. Em boa parte do mundo, o estupro desonra a mulher, a família dela e sua comunidade. Em lugares como os Estados Unidos, apesar do atual momento de catarse, as mulheres que já foram estupradas ainda são vistas com muita frequência como irremediavelmente arruinadas, não só pelos outros como também por elas mesmas. Esse é um fardo muito pesado de carregar. Tenho escrito que o estupro não deveria estar associado à honra. Mas há outra maneira de olhar para isso. Que tal mudarmos o lugar do rótulo "honra" e colocá-lo onde ele deveria estar?

Em 2013, Sami Faltas, pai de três filhas na Holanda, escreveu o seguinte para mim:

> É uma questão de honra para os homens combaterem os crimes contra as mulheres, seja qual for a natureza que tenham. É uma questão de honra para os homens tratarem as mulheres com o respeito que elas merecem. Não temos que tirar a honra da equação, temos que redefini-la.

A mim isso soa bastante sensato e correto.

A família inteira

*Ele ficava dizendo que era meu tio,
e que eu devia respeitá-lo.*

— Nomawethu, estuprada aos
5 anos de idade

A FAMÍLIA DE NOMAWETHU vivia em Grahamstown, numa área rural da África do Sul. O irmão do seu pai a estuprou quando ela tinha 5 anos. Todos sabiam o que havia acontecido: "Eles viram sangue na minha calcinha. E na camiseta dele", ela me contou.
 O pai dela queria matá-lo. A mãe quis denunciá-lo, mas numa reunião familiar decidiram não fazer isso, e a mãe não podia desafiar essa decisão porque tinha medo do marido. "Meu pai abusava fisicamente da minha mãe", contou-me Nomawethu. Quando a mãe teve oportunidade, fugiu e foi buscar abrigo com a família dela, deixando Nomawethu com o pai. Tão logo conseguiu, voltou e levou a menina embora. Elas mudaram para bem longe, e Nomawethu cresceu, estudou, e foi aprovada no vestibular. Ela não tinha mais lembrança do estupro nem ideia do que havia acontecido. "Fui capaz de bloquear aquilo", ela me contou.

Em 2002, depois que entrou na faculdade, sua mãe lhe disse: "Agora que você já é adulta, pode voltar a ver seu pai", e Nomawethu voltou à aldeia nativa após treze anos. Ali, encontrou de novo o tio, e a memória do estupro ressurgiu como uma besta selvagem, tomando-a por completo. "Eu não tinha mais ideia do que havia acontecido, mas tudo aquilo voltou à tona." Ao voltar para casa, perguntou à mãe a respeito. Ela confirmou tudo, e Nomawethu teve que arrumar um jeito de assimilar a repentina retomada daquela memória e informação dolorosas.

"Ao vê-lo agora, só senti pena. Senti pena por ele. Por um adulto ter feito aquilo com uma criança [...]" Ela fez o melhor que conseguiu para deixar aquilo para trás, e achou que tivesse lidado bem com o assunto, até o momento em que acabou relembrando o fato. Mas as coisas nunca são simples quando se trata de estupro, e o incesto pode ser ainda mais complicado e perverso.

Nomawethu dirige o programa para a primeira infância na Ubuntu Pathways, em Porto Elizabeth, África do Sul. Foi lá que a encontrei quando trabalhei na Ubuntu, escrevendo para eles. É um lugar único – atende algumas das pessoas mais desprovidas de direitos do planeta, cada uma delas com uma história de partir o coração, mas é um espaço alegre, de força e cantoria. Nomawethu encaixa-se muito bem ali.

Apesar de sua vida e seu emprego serem satisfatórios, ela começou a ter ataques de pânico no trabalho. "As memórias estão me assombrando", ela percebeu. "Eu não tenho lidado bem com elas." Nomawethu está sendo atendida por uma psicóloga para ajudá-la a fazer as pazes com seu passado, e ela sente progressos. Mas não é fácil.

Como você pode confiar, quando a unidade básica de confiança – a família – está corroída?

"Eu me casei. Meu marido é muito amoroso comigo, me apoia muito. Mas, por mais que eu confie nele, quando se trata da minha filha (6 anos de idade), não consigo confiar nem mesmo nele que é o pai", disse Nomawethu. Ela odeia se sentir assim, odeia essa suspeita injusta e as reações de pavor, com as quais muitas sobreviventes têm que lutar. Por exemplo, certa vez a filha pegou vermes – uma ocorrência comum da infância, nada grave. "Mas quando ela se queixou de que suas partes íntimas doíam, eu entrei em parafuso." O cérebro dela imediatamente saltou para os pensamentos de abuso sexual. "Eu não quero que seja assim."

Muitas crianças, muitos tios, pais e primos... Uma mulher sul-africana foi estuprada pelo irmão quando era bem novinha, e só contou a alguém quando já estava na meia-idade. A família provavelmente teve conhecimento de alguma coisa, mesmo porque ela contraiu uma infecção sexualmente transmissível, mas as pessoas têm uma capacidade incrível de fingir que está tudo normal quando não está. Assim que essa mulher contou aos filhos a sua história, entrou em profunda depressão, da qual nunca mais se recuperou totalmente.

Escrevi antes sobre Angie, que foi estuprada pelo marido. Como ocorre com muitas outras pessoas, esse não foi o único relacionamento abusivo na vida dela. Ela me contou que, quando criança, morou um breve tempo no sul da Índia, e o motorista da família saía para passear com ela de carro e a tocava. Ah, e também havia, é claro, um tio ou outro com atitudes inadequadas.

Ela cresceu em ambiente privilegiado, numa família feliz. De qualquer modo, feliz em quase tudo. Havia o motorista e os tios, mas isso não é incomum, e não é a parte principal da história dela. Seu casamento foi por amor, o que significa que não foi arranjado pela sua família indiana. Ela e o marido se conheceram, se apaixonaram e se casaram. Ele era um homem encantador e bem-sucedido, e a família dela ficou muito impressionada. O casal se mudou logo para os Estados Unidos, e Angie, muito apaixonada, mal podia esperar para ter filhos. Ela teve dois abortos espontâneos e depois dois filhos, que estão agora um na faculdade e o outro, no colegial. "Se não fosse por eles, teria perdido a vontade de viver."

O abuso começou devagar, como essas coisas costumam acontecer – uma resposta atravessada aqui, um tapa ali, depois o remorso. Começou durante sua segunda gravidez.

Angie sentia com muita força que não podia culpar ninguém exceto a si mesma, já que optara por um casamento por amor, e não por um casamento arranjado. Ela manteve segredo disso, e só contou para a irmã porque não teve outro jeito – um dia precisou ser levada de carro ao hospital, toda machucada, e grávida. A irmã ficou furiosa, acusou-a de mentir e, ao mesmo tempo, disse que era melhor ela calar a boca e aguentar.

E ela aguentou firme, por tempo demais. "Não me entenda mal. Houve momentos em que eu não queria mais viver", Angie me contou. "Demorei um pouco para compreender isso. Ao me bater, ele dizia: '*Tum ne khud se kar liya* (você fez isso a si mesma)'."

Depois que o abuso se tornou rotina e ela teve que encarar a realidade da situação, viu-se incapaz de ir embora devido à sua condição de imigrante. "No dia em que fui embora, ele disse que me mandaria de volta para a Índia e que eu nunca mais veria meus filhos de novo."

Ela procurou advogados para tentar saber como poderia largar o marido sem perder os filhos. Cada passo desse caminho foi difícil sob todos os aspectos. Para começar, ela é uma muçulmana profundamente religiosa, o que lhe deu ânimo, mas também fez com que se questionasse. "Alá me deu forças", ela me conta orgulhosa. Por outro lado, era muito consciente de seu dever como esposa e do fantasma de ser a responsável por envergonhar a família dela.

"O que faz você ficar é a esperança", ela afirmou. "E o que faz você ir embora é a esperança de que as coisas possam melhorar."

A vida de Angie em casa virou um drama constante. O marido contratou detetives particulares para segui-la. O comportamento dele era instável.

"Há muita confusão quando você passa por isso", ela disse. "Às vezes, você tem um pensamento mais tranquilo, mas é tudo muito confuso. Essa pessoa dizia que me amava, mas se comportava de modo diferente quando estávamos a sós. Eu vivia em algo muito nebuloso."

"Ele é muito doce, educado e encantador, e ganha muito dinheiro. As pessoas diziam: 'Você tem tudo'. Elas não tinham ideia do que eu estava vivendo."

"É difícil entender. Todos me diziam: 'Por que você simplesmente não arruma as coisas e vai embora?'. Não é fácil assim. Uma pessoa dessas tem poder sobre você."

No nono aniversário do seu filho mais novo, o marido ficou louco de raiva porque não conseguia encontrar algo que procurava. "Ele tirou todas as minhas roupas do armário e disse ao meu filho mais novo para jogar tudo fora. Um dos amigos do menino ligou para a mãe, que então chamou a polícia. Meu marido tinha levado nosso filho para fora, e ficaram jogando bola. Quando a polícia chegou, ele disse: 'Não sei o que está acontecendo'. O policial entrou, ele já me conhecia do meu trabalho voluntário. Contei tudo e lhe mostrei o que estava acontecendo. Ele disse: 'Junte as crianças', depois falou com meu marido; então entrei no carro com meus filhos e fui embora. Aquele foi um incidente."

"Nós tínhamos muitas propriedades. Ele estragou tudo. Estavam todas em execução hipotecária. Fiquei arrasada de todas as formas possíveis."

No final, foi ele que entrou com pedido de divórcio. Acusou-a de bater nos filhos e solicitou a guarda unilateral.

A tia dizia que ela era uma sem-vergonha. O marido a chamava de puta. O irmão quis saber se ela tinha traído o marido. Mas ela foi perseverante e, depois de uma longa batalha judicial nos Estados Unidos, ganhou a guarda dos filhos.

Como é que ela conseguiu ter toda essa força? Eu quis saber.

"É Alá. Fiz meu *Hajj** em 1995. Minha fé, minha família e meus filhos me salvaram."

Ela ainda insiste em que os filhos visitem o pai, embora eles não gostem de fazer isso. "Como uma mulher muçulmana, *apna farz hai*: devo cumprir meu dever."

Nomawethu, Angie, muitas e muitas de minhas próprias amigas e conhecidas, todas elas me fazem lembrar sempre que o estupro não é apenas o monstro *lá fora* – é também o monstro debaixo da cama dos nossos pesadelos de infância. Ele deixa cicatrizes feias e às vezes temos que construir uma nova família, mais segura, para poder prover o refúgio que o "lar" nunca conseguiu ser; curar as feridas, tanto do corpo quanto da alma.

---

* O *Hajj* é a peregrinação a Meca, cidade sagrada dos muçulmanos. [N.T.]

Breve pausa
para a confusão

NO OUTONO DE 2017, o noticiário internacional estava de repente repleto de mulheres que, apesar de abusadas e aterrorizadas por homens, continuavam nos relacionamentos (pessoais, profissionais) com seus abusadores e diziam ter sentimentos conflitantes. Isso pode soar perturbador, e amigas minhas expressaram dúvidas a respeito da severidade com que essas mulheres teriam sido vitimizadas. Será que haviam sofrido tanto assim?

Não, não e não. É uma coisa difícil de compreender, eu sei, então vou repetir: não, não e não. A maneira como você age com seu estuprador depois, até mesmo a maneira como você pode se *sentir* em relação ao seu estuprador depois, não são indicadores da gravidade nem do crime, nem do seu trauma.

No meio do meu próprio choque e da minha dor, ao longo de todos esses anos que se passaram, percebi muitas vezes um sentimento fugaz em relação às pessoas que me estupraram. Eu não tinha nenhuma história com eles. Eram estranhos, cheios de hostilidade e raiva, e eu não tinha nada em comum com eles. Olhava nos olhos daqueles homens e sentia náuseas de pânico. Mas também senti uma estranha compaixão.

Acho que chamar de síndrome de Estocolmo e rotular como uma patologia ou uma reação descompensada é algo simplista demais. Eu não gostava deles, nem me simpatizava com eles, nem os entendia. Mas, na realidade, vi que, de alguma estranha maneira, eles eram seres humanos como eu. E que eram infelizes. Não estavam ali se divertindo a valer, não tinham saído para um alegre estupro coletivo. Pode ser que alguns homens se divirtam cometendo estupro, mas aqueles homens não. Era terrível demais para mim, mas eles também estavam atormentados; não pude deixar de perceber isso e de sentir uma pontinha de empatia.

Por mais estranho que possa parecer, talvez tenha sido isso o que salvou minha vida aquele dia. O plano deles era nos matar, a mim e ao meu amigo. Eu falei, e falei, e falei – nunca na vida falei tanto, antes ou depois. Ignorei que talvez o que me coubesse ali fosse fazer o papel de criança intimidada. Falei que sabia que eles eram boa gente, que somos todos irmãos e irmãs, e todo um blá-blá-blá...

Permitam-me esclarecer bem: eu *não* achava que eles eram boa gente ou que fôssemos como irmãos e irmãs. Achava, e ainda acho, que eram pessoas extremamente maldosas. Eram malignos, brutais e perversos. Mas foi a única maneira que encontrei de fazer com que me vissem como alguém que eles não podiam destruir. Ou que se vissem como pessoas que não eram capazes de matar. E talvez a única maneira que eu poderia fazer isso era acreditando, eu mesma, um pouquinho que fosse, que as coisas eram assim de fato.

Se o mundo fosse diferente, e eu tivesse visto os caras num tribunal, será que teria sentido pena deles? Não tenho ideia. Estou apenas ressaltando que, para mim, faz todo o sentido ver fotos de mulheres famosas sorrindo e abraçadas a homens e mais tarde vê-las apontando-os como seus estupradores. O fato de você ter sentimentos confusos a respeito da pessoa que lhe feriu não a torna culpada. Torna você humana.

Liberdade roubada, alegria roubada

Foi tirada de mim.
Alguma coisa me foi tirada.

– Alexa

Deixe sua dor aqui e vá fazer
suas coisas maravilhosas.

– Juíza Rosemarie Aquilina, 30º Tribunal do Circuito, condado de Ingham, Michigan, a uma das vítimas do abusador em série Larry Nassar

SE EU REJEITO a ideia de que o estupro retira a "honra" das mulheres – e de fato rejeito –, então, o que é que ele tira, afinal?

Acho que boa parte disso tem a ver com o direito de ser feliz. De que maneira você, a vítima, pode conseguir preservar seu direito de ser feliz, essa coisa frágil, e seguir adiante? O estupro é apenas uma das muitas questões que podem privá-la disso – será que ele é de algum modo especial, e exige uma intervenção especial para deixar que a luz volte a entrar na sua vida?

Muito se escreveu sobre a perda de controle associada à agressão sexual. Perda de controle é algo doloroso e difícil, não importa como aconteça, e com o estupro ela pode ser particularmente pesada. Como é que você recupera esse controle? Isso também tem relação com a questão de como uma sociedade, uma família ou um indivíduo encaram o sexo. O sexo destina-se ao prazer ou à procriação? Isso é definidor, porque influencia a maneira como falamos com os jovens a respeito de sua relação com o sexo e com seus corpos. Também influencia o processo de recuperação.

Alexa é uma porto-riquenha de Nova York. Gostei dela de imediato – é corajosa, cheia de energia e totalmente comprometida em superar a dor de ter sido estuprada duas vezes em cinco meses.

"Eu cresci com uma relação positiva com o sexo", ela me contou. A tia dela trabalhava num serviço de saúde reprodutiva e lhe passou muitas informações e orientações. "Eu estava sempre muito bem informada. Havia tido experiências sexuais muito boas até isso acontecer."

"Isso" aconteceu quando ela acabava de entrar na faculdade. Estava namorando um colega, um homem mais velho, veterano da guerra dos Estados Unidos no Iraque. O relacionamento logo desandou.

"Ele estava esquisito. Eu quis cair fora. Na noite do aniversário dele, estávamos num bar. Ele se embebedou. Ficou grosseiro. Fui até o banheiro e chorei. Quando voltei, eu disse que estava terminando com ele e fui embora. Ele gritou 'putinha de merda!'. Eu já estava na porta. Parei, virei-me e disse: 'Obrigada, você facilitou as coisas'."

Ela então foi até outro bar com alguns conhecidos. Estava abalada, mas satisfeita por ter sido capaz de dizer o que havia dito. Alguém lhe ofereceu um calmante, que ela nunca havia experimentado antes. Ela tomou, bebeu mais um pouco, e depois ainda tomou mais uns drinques.

"Eu meio que apaguei." Ela sabia, quando estava indo aos tropeços para o seu alojamento na universidade, que havia passado da conta. Foi deitar. Ele apareceu lá e bateu na porta. Ela abriu e disse que ele tinha que ir embora. Ela mal conseguia parar em pé.

"Ele entrou à força. Era um cara imenso. Alto. Pesado. Eu vacilei."

Ele a empurrou para a cama. Ela perdeu os sentidos e acordou com ele em cima dela. Ela disse: "Sai daqui!". Ele disse: "Só vai terminar quando eu disser que acabou". Ela estava tão assustada que se submeteu. Ele a estuprou e foi embora.

"Foi muito surreal", ela me relatou. "Eu queria dar queixa. Mas sabia que não tinha como provar. Deixei pra lá. Não contei à minha família." Ela contou a uma amiga, que se mostrou cética e perguntou: "Você tem certeza?". Algumas semanas mais tarde, foi ao ginecologista e pediu que ele fizesse exames para ver se havia contraído alguma infecção sexualmente transmissível. Ela disse ao médico que estava preocupada porque o namorado a havia traído com profissionais do sexo. O médico disse: "Talvez você devesse ter se guardado para o casamento".

"Como era possível que eu estivesse sendo tão julgada assim? Em Nova York!"

Alexa logo descobriu que o estuprador, que era conselheiro estudantil residente da faculdade, havia estuprado também outras garotas e espalhado histórias a respeito delas. Ela se sentia impotente para fazer o que quer que fosse, e também cada vez mais culpada, como se tivesse algo a ver com o fato de ele continuar agindo. Nos meses que se seguiram, ele foi promovido a marechal do ar federal.

Ela continuou tocando a vida, mas se sentia diferente. "Eu duvidava de tudo a meu respeito." Começou a tirar notas baixas. "A pior parte foi esta – eu me tornei distante. Não era mais eu mesma."

Justamente quando estava mais angustiada, alguém lhe apresentou a cocaína "na pior hora possível". Ela não demorou a criar dependência. A mãe percebeu que ela estava diferente e perguntou o que havia de errado. Alexa contou. Não foi algo muito bem pensado, mas ela não vinha recebendo apoio de ninguém e estava desesperada.

"Minha mãe disse: 'O que você achou que fosse acontecer?'. E isso faz tudo desmoronar."

Meses mais tarde, ela arrumou um estágio em Wall Street, trabalhando para um homem abusivo. Eles se sentiram atraídos um pelo outro, e ela caiu num ambiente problemático, sofrendo abuso de vários homens e "uso ininterrupto de drogas e bebida no trabalho". O chefe fazia sexo com ela quando ela estava bêbada ou drogada, e convidava outras pessoas para assistirem. Ela foi estuprada de novo. Por fim, ele a demitiu.

"Eu desabei."

Ela virou "a sombra de uma pessoa". Não tinha amigos e não conseguiu se formar no tempo devido. A mãe encontrou cocaína no quarto dela e passou a rejeitá-la.

Vendo que teria que encarar as coisas sozinha, Alexa estava determinada a reaver seu ânimo. Tentou parar com aquilo tudo. Foi voluntária nos esforços de recuperação após o Furacão Katrina. Decidiu fazer redução de mamas. Foi para a África do Sul estudar. Continuava dependendo de álcool e cocaína para conseguir seguir em frente.

"Eu parava, mas sempre passava muito mal. Vejo isso nas fotos – o brilho tinha ido embora dos meus olhos."

Então, como foi que ela recuperou o brilho?

"Foi muito esforço", ela disse. "A muito custo, consegui não me matar." Teve pensamentos suicidas durante muito tempo. Só não o fez porque "Não queria que alguém me encontrasse".

"Eu sentia como se não fosse uma pessoa."

Isso se prolongou por oito anos. Ela não conseguia ter orgasmos. Não conseguia se sentir feliz. "Eu estava muito destruída. Parei de ter relacionamentos." Achou que poderia tentar a igreja. "Contei a um padre que eu precisava falar desesperadamente. Ele disse 'Eu tenho algumas ideias', e pediu que eu fosse vê-lo entre as 9 da manhã e 5 horas da tarde de um dia de semana. Foi quando eu perdi a fé na Igreja." Ela achou que aquilo nunca mais ia acabar. "Não encontrava ninguém disposto a me ajudar."

Foi a um psiquiatra, que disse que ela era bipolar e lhe receitou medicação, que ela não chegou a tomar. Em vez disso, começou a fazer exercícios físicos e passou a se sentir melhor. Ela não desistiu. "O que me segurou foi a esperança."

A cura se deu aos poucos. Começou com uma pessoa. Sua melhor amiga de infância soube que ela não andava bem e procurou-a para ajudá-la. Depois, Alexa entrou num grupo de terapia, onde contou a sua história e se sentiu muito acolhida. Ela se exercita regularmente, continua sóbria e está num relacionamento feliz.

Ela recentemente pesquisou sobre seu estuprador no Google. Ele tem uma lista de enxoval na loja Babies R Us, junto com a esposa. Vão ter uma menininha.

"Estão cuidando da vida deles", disse com amargura. "Os caras colocam veneno na nossa água e nós é que temos que ir drenando-o."

Um terapeuta me disse que uma cliente dele contava histórias que pareciam meio incompletas, como os relatos de alguém que está bêbado, fora do ar, e que a cliente não conseguia explicar isso direito, nem a ela mesma. Um dia, ela chegou para receber uma massagem e de repente começou a ter *flashbacks*. Aos poucos, ela tomou consciência de que havia sido estuprada por três amigos do irmão dela.

"Depois que entendeu o que havia acontecido com ela, mudou completamente", ele me contou. "Ela começou a recuperar seus limites."

Limites. É uma palavra típica do primeiro mundo, mas é realmente útil. Na Índia, os únicos limites que respeitamos (apenas ocasionalmente) são os limites físicos entre nossos terrenos. Psicologicamente, é um salve-se quem puder, um quem pode mais chora menos. Quem tem poder na família, na comunidade, no país passa por cima dos limites dos demais.

Quando me tornei terapeuta emergencial em casos de estupro, precisei aprender sobre limites. Vejamos como são definidos pela organização Mothers of Sexually Abused Children (MOSAC, ou Mães de crianças vítimas de abuso sexual):

> Um limite é similar a uma fronteira, um lugar onde você termina e a outra pessoa começa. Quando os limites são invadidos, significa que uma pessoa entrou no território que pertence à outra. Pode ser um limite emocional, um limite físico ou um limite sexual. Mas também existem limites em outras áreas. Dizer a uma pessoa como é que ela deve pensar viola seus limites psíquicos. Dizer a outra

pessoa como ela deve gastar seu dinheiro viola seus limites financeiros. Abusos costumam ser identificados pelos limites que foram violados (como no abuso físico, sexual, psíquico ou emocional).

O abuso sexual viola quase todos os limites concebíveis de um ser humano. Ultrapassa as linhas físicas, sexuais, emocionais, psíquicos e espirituais. Essa violação deixa a vítima num estado de ausência de limites. Com isso, a capacidade de estabelecer limites e mantê-los fica comprometida. Como adulto, a vítima de abuso sexual pode ter dificuldade de lidar com limites em todos os seus relacionamentos.[84]

Eu entendo isso, e tenho ouvido muitas histórias de sobreviventes de estupro que mostram como elas têm dificuldades em dizer não ou estabelecer relacionamentos saudáveis. O estupro pode matar o sexo. Ah, com certeza. Ter sido estuprada muito jovem é uma receita muito eficaz para abrigar sentimentos extremamente confusos a respeito do sexo. Ele pode se tornar assustador ou sujo ou algo totalmente sem graça. Ou, reprimida pelo medo ou pela confusão, você fica sem espaço para se desenvolver sexualmente.

Ele obscurece os limites – mas pode também torná-los muito claros. Embora eu tenha pagado um preço alto pelo meu estupro em vários outros aspectos, ele na realidade me ajudou a definir muito bem meus limites, e sempre me senti grata por isso. Não aos estupradores, é claro, mas simplesmente a algum gene do contra que eu tenha, qualquer que seja, que odeia que alguém lhe diga o que fazer. Talvez isso teria acontecido de qualquer modo. Eu era tão jovem quando fui estuprada que é impossível medir o quanto o estupro foi responsável pela pessoa que acabei me tornando. Seja qual for a razão, sempre tive muita clareza sobre como o sexo deve ser e sobre como ele *não* deve ser encarado, e nunca tive nenhum escrúpulo em dar um enfático *não* a alguém que me faça sentir, mesmo que seja um milésimo por cento, como me senti lá no alto daquela montanha – sentir que não tenho escolha, que outra pessoa sabe mais do que eu, que devo alguma coisa a algum homem. Ah! Tome essa, você que ficou fazendo biquinho quando eu disse que não gostei de seus esquemas com prendedores de mamilo. Você sabe quem você é.

Outra consequência do estupro que drena a vida da pessoa é a imensa quantidade de energia que se consome para guardar segredos. Segredos são como câncer. Eles produzem mutações imprevisíveis e criam estranhas distorções. E têm efeitos colaterais tóxicos. Li uma comovente descrição de uma mulher anônima[85] que guardava dois segredos: o abuso violento (ela não detalha se era sexual, mas era certamente cruel e misógino) por parte do pai; e sua lesbianidade. Ela escreve: "E a minha vergonha é a principal ligação entre meu TEPT e minha lesbianidade". Até ela conseguir compartilhar esses dois segredos, eles ficaram entrelaçados, de modo que o horror do abuso e a alegria da manifestação do prazer sexual se misturavam de maneira tóxica.

Dulcie tem 84 anos. Ela mora num lar para idosos, junto com o marido. Foi um longo caminho até chegar a esse lugar. Nascida nos Estados Unidos em 1933, ela é filha da Grande Depressão e sobrevivente de diversas agressões sexuais, sofridas quando era bem jovem. "Minha mãe costumava me deixar sozinha no prédio. Havia um garoto que fazia as entregas do armazém. Ele costumava me levar para um apartamento – o apartamento da Eileen, ainda lembro. Ele tirava minha calcinha, e daí não lembro mais."

Isso foi só o começo. "O homem da seguradora Metropolitan Life costumava me encontrar na escada e me fazia tirar a roupa.

Outro garoto da vizinhança também me fazia tirar a roupa. Eu simplesmente ia com todo mundo que me quisesse."

Dulcie teve sua primeira menstruação aos 10 anos de idade. Um dia, ouviu umas meninas que brincavam na rua dizendo que era possível ter um bebê se um homem fizesse certas coisas com o pênis dele em você, e ela pirou com isso.

"Ouvi essa conversa e fiquei em choque, achando que estava grávida. O que aconteceu a partir daí é que todo mês, quando eu aguardava a menstruação, ficava preocupada por ter feito todas aquelas coisas terríveis. Eu tinha estado com o homem da seguradora, com outro homem, com o menino do colégio, o outro menino que morava na mesma quadra. Eu simplesmente não sabia o que fazer. Todo mês eu ficava esperando descer o sangue, muito assustada. Nunca contei isso a ninguém.

"Depois, toda vez que ficava mais íntima de alguém ou saía com algum garoto, antes de descobrir as verdades da vida, eu ia correndo para o banheiro, checar se minha menstruação havia descido."

Finalmente, um dia ela não aguentava mais tudo isso e disse a uma prima, muito amiga dela: "Grace, eu vou ter um bebê".

"Ela disse: 'O quê?!'. Eu expliquei: 'Alguns homens mexeram em mim, eu deixei'. Ela abaixou minha calcinha e examinou para ver se eu estava sangrando. Não estava. Ela disse que eu não tinha feito nada de errado. Explicou que eu fora abusada. Eu vivia assustada, em pânico, com vergonha. Ficava esperando todo dia a menstruação. Isso afetou minha aprendizagem, minha interação com as pessoas. Eu tinha medo de que ninguém gostasse de mim. Sentia muita vergonha de mim mesma."

"Acho que eu poderia ter sido uma pessoa melhor. Poderia ter conquistado mais coisas. Mas não consegui. Eu me sentia uma vagabunda. Uma pária imunda."

Sentir-se suja, usada, inútil, destruída é bem característico da vida de muitas sobreviventes. Um dia recebi um e-mail de uma desconhecida: "Estou toda quebrada por dentro, não sou capaz de juntar os cacos... Despedaçada...".

Mesmo quando o estupro não lhe tira a própria vida, ele pode levá-la por caminhos perigosos. O Vera Institute of Justice [Instituto de Justiça Vera] realizou um estudo sobre mulheres presidiárias e descobriu que 86% tinham histórico de abuso sexual.[86] Imagine ir parar na prisão com isso no seu histórico e então se deparar com uma nova estatística cruel: embora as mulheres componham 13% da população carcerária, elas representam 67% das vítimas de violência sexual cometida por funcionários das prisões. E isso só com as mulheres: o estupro entre homens nas prisões é, vergonhosamente, assunto de piadas e brincadeirinhas na cultura popular americana, e eu nem consigo imaginar os terríveis efeitos em cascata que isso tem sobre os indivíduos, as famílias e as comunidades.

E para garantir mais uma pitada de trauma por cima da agressão, se sua vida não acabar nem sair dos trilhos de vez, esteja certa de que irá sofrer com alguns efeitos colaterais do estupro, que, embora não sejam uma ameaça à vida, são muito inconvenientes. A literatura sobre trauma é farta em descrições de *flashbacks* e gatilhos. "Gatilho" é uma palavra que assusta, e com razão – veteranos de guerra têm familiaridade com esse fenômeno. Mas os gatilhos podem também ser apenas um pé no saco, um incômodo constante que faz você revirar os olhos ao ter que lidar com ele. Pergunte a qualquer sobrevivente.

Minha família havia se mudado para Boston uns dois anos antes de eu ser estuprada. Em Boston faz muito frio. E para quem foi criado em Bombaim, faz mais frio ainda. Imagine, portanto, o quanto era inconveniente para mim ser totalmente incapaz, durante anos, de usar um cachecol em volta do pescoço. Os estupradores me esganaram com força, e durante muito tempo qualquer coisa nas proximidades do meu pescoço me fazia entrar numa espiral de horror. Amigas que vinham por trás e colocavam as mãos carinhosamente no meu pescoço ou ombro eram recebidas com um colapso nervoso. Depois de algum tempo, os *flashbacks* passaram a ser apenas um desconforto com qualquer coisa mais apertada em volta do pescoço. Gola rolê – cruzes. Quando isso acontece, você não tem sequer a dignidade e o drama da sua história – tem apenas uma reação pavloviana a um estímulo, sem sequer pensar na razão. É muito irritante. Atualmente, eu adoro minha coleção gigante de cachecóis, e meu pescoço fica bem embrulhado nos invernos de Nova York.

Uma conhecida minha contraiu uma infecção sexualmente transmissível (IST) depois de ter sido estuprada quando criança. Naquela ocasião, disseram que ela a havia contraído num assento de vaso sanitário. Embora ela saiba agora que não é possível contrair uma IST num assento de privada, ela simplesmente não consegue usar um banheiro público sem colocar camadas e mais camadas de papel no vaso, e mesmo assim ainda fica desconfortável por várias horas.

Outra conhecida desenvolveu uma compulsão que não a deixava relaxar para ler ou assistir TV quando estava sozinha em casa. Ela simplesmente precisava levantar e ficar checando a toda hora se tinha trancado a porta da frente, mesmo sabendo que tinha acabado de fazer isso havia dez minutos, e que já havia feito a mesma coisa dez minutos antes, e outros dez minutos antes... Ela finalmente conseguiu largar esse hábito escrevendo para si mesma: *Eu cheguei às 5h50. Estava muito bem trancada. Chequei duas vezes e confirmei!*

Outra mulher precisa ficar com as luzes acesas durante o sexo. Outra entra em parafuso quando vê calças masculinas de determinada cor. E muitas e muitas de nós conhecem aquela péssima sensação que se manifesta todo ano, quando não conseguimos evitar a lembrança de que outro macabro aniversário se aproxima.

Isso não é trágico. É apenas entediante e algo que mina sua energia. Quando lemos a respeito de coisas como a "Tríade Cognitiva de Estresse Traumático", temos a impressão de que o trauma é sempre algo muito vívido, colorido. Mas às vezes a realidade se aproxima mais do oposto: as cores são drenadas, há um impedimento de viver plenamente e uma escravização a bizarros padrões de comportamento.

Já mencionei a história de Rida e de sua irmã, ambas agredidas sexualmente pelo mesmo homem quando crianças, e que só depois de adultas ficaram sabendo que o mesmo havia acontecido com a outra. Rida tem memórias nítidas: "Lembro de tudo. Da cor do meu pijama, quando e como eu chutei ele. Foi algo que mudou minha vida. Penso nisso sempre. Todo maldito dia...".

Rida era uma criança de espírito livre, amistosa com todos. Ela acha que a agressão sexual lhe tirou a confiança na humanidade. Ela deixa bem claro que se considera uma forte sobrevivente, não uma vítima. "Sim, isso me afetou de maneiras muito fundamentais, mas não me define. Lutei e continuo lutando contra isso, mas não deixei que me consumisse a ponto de impedir que eu absorva outras experiências. A vida não terminou por causa disso e nunca irá terminar."

A irmã dela, que passou exatamente pela mesma provação, sente-se bem consigo mesma, tem um casamento feliz e insiste em dizer que o trauma não a afetou. Acredito nas duas. Também acredito que não podemos saber ao certo. É impossível depreender todas as variáveis – nossa personalidade inata, as coisas que acontecem conosco e aquilo que nos tornamos como pessoas são todos aspectos muito interligados.

Lembro-me de Souhayla no Iraque, cujo desespero é tão debilitante que ela não consegue sequer abrir os olhos. Imagine ser uma idosa numa clínica de repouso, ou presa na casa de algum parente, com o estupro consistindo na derradeira tragédia da sua vida. Imagine estar num país estrangeiro com um estuprador que se casou com você e que trancou seu passaporte em algum lugar. Imagine ser uma criança com um segredo para o qual não há palavras, apenas formas escuras dançando à sua volta em suas visões, formas que ninguém mais enxerga.

Imagine o que seria libertado se tantas pessoas não tivessem que perder tanto tempo lidando com *flashbacks*, guardando segredos, tendo pensamentos suicidas, baixa autoestima, um medo incapacitante de... de tudo, e assim por diante nessa terrível lista. Imagine tudo aquilo de mais fantástico, incrível, fascinante que tantas sobreviventes de estupros poderiam fazer, dizer, criar ou ser, se não tivessem que desperdiçar tempo com seus traumas, sentindo-se frustradas e diminuídas. Imagine a arte que poderíamos criar, as canções que poderíamos cantar, as florestas que poderíamos plantar, as coisas que poderíamos inventar para mudar a vida e salvar o planeta, em vez de perder tempo tentando evitar que nossos corações disparem ao ouvirmos passos atrás de nós no caminho para o ponto de ônibus. É uma perda de potencial imensa.

Portanto, da próxima vez que você ouvir falar ou ler qualquer coisa sobre como os homens que estupram não podem ter suas vidas destruídas por causa de "alguns minutos", pare imediatamente, solte um urro de indignação e vá fazer algo feliz.

Pesos de chumbo
para se afogar

*Não mereço ser amada? Sou ridícula?
As pessoas me olham e não
conseguem me respeitar?*

―――

– Audrey

A VIDA, AO CONTRÁRIO do golfe, não concede *handicaps** quando você entra no jogo. Você vem ao mundo berrando e é mergulhada num conjunto aleatório de circunstâncias, que marcam você para sempre, para o bem ou para o mal.

"Cresci num ambiente doméstico muito abusivo, embora não tivesse ideia de que era assim", Heather me contou. A mãe dela era "uma pessoa narcisista. Eu não era dona da minha personalidade. Era a bonequinha dela. Passei minha vida toda tentando me encaixar naquele molde perfeito, mas não

---

* No golfe, o *handicap* é uma medida numérica da aptidão do jogador em concluir o par – a série de buracos onde ele deve colocar a bola. É um sistema que permite que os jogadores menos exímios, que têm um *handicap* mais baixo, ganhem tacadas extras quando enfrentam jogadores de nível mais alto. [N.T.]

há moldes perfeitos. Papai era abusivo, verbal e fisicamente. Mas eu estava acostumada com isso".

E tampouco achava estranho o relacionamento abusivo com o garoto do qual era amiga desde o ensino secundário. Só quando completou 20 anos e fugiu para fazer faculdade em outra cidade (matriculando-se em segredo, pois sabia que se pedisse não teria permissão de ir) é que ela conseguiu "ver como as pessoas 'normais' viviam; e foi como se uma tonelada de tijolos caísse na minha cabeça e me mostrasse que o que eu vivia não era a norma".

"Decidi terminar meu relacionamento. Encontrei-me com o rapaz e rompi. Ele não gostou nada. Quando voltei para casa, meus pais já estavam sabendo. Ficaram tão bravos comigo que me expulsaram de casa. Peguei minha mala, joguei dentro do carro, dirigi até o estacionamento de um shopping local e passei a noite no carro."

"De madrugada, com o céu começando a clarear, bateram na janela do passageiro. Olhei e vi que era meu ex. Abri a porta. Só me lembro de ter sido arrastada para fora do carro e atirada no chão."

"Eram nove caras. Quatro deles eu conhecia. Os outros cinco eram estranhos. Um deles era o melhor amigo do meu ex-namorado. Alguns tinham tacos de beisebol. Um deles tinha uma arma. Eles me chutaram e me bateram. Me amordaçaram e me enfiaram no porta-malas do carro. Me levaram até um porão e se revezaram para me estuprar."

"Um dos caras me atirou de volta dentro do meu carro. Eu realmente não sabia o que fazer. Queria ligar para minha melhor amiga, mas um deles era o namorado dela. Hesitei em fazer isso. Vesti umas roupas melhores, esperei o shopping abrir e me limpei no banheiro. Eu estava com costelas quebradas, cortes e escoriações. Dirigi até a casa de uma amiga, que era mãe de uma menina de quem eu havia sido babá. Pedi para usar o chuveiro. Falei que meu pai havia me surrado."

Heather foi estuprada há nove anos. Desde então, repetiu um ano na faculdade (foi reprovada porque simplesmente não conseguia se concentrar), mudou de profissão (seu plano original estava arraigado demais em memórias dolorosas), gastou milhares de dólares com terapia, articulou novas maneiras de se relacionar com todos na sua vida e encontrou um novo eixo. Tudo isso sem qualquer apoio da família.

O estupro é uma coisa terrível, sejam quais forem as circunstâncias, mas quanto mais histórias eu ouço, mais constato o imenso poder da família, do apoio, das mensagens que vêm da infância. Eu mesma tenho uma boa bagagem nesse sentido, mas estou certa de que o que me permitiu ser uma pessoa feliz por estar no mundo foi contar com uma rede de apoio, algo que falta a muitas das vítimas.

O pai de Heather expulsou-a de casa por ela não ter feito as coisas do jeito dele. E, antes disso, o abuso era o "normal" na vida dela, portanto Heather nem sequer sabia distinguir um relacionamento respeitoso de um degradante.

Penso no meu pai expulsando não a própria filha, mas uma dúzia de policiais que não acreditavam em mim. Penso na minha mãe imprimindo cópias do meu artigo do *The New York Times* e distribuindo a visitas que ficavam escandalizadas. Penso no meu irmão, no meu amigo e no meu namorado, que criaram um grupo chamado Homens Contra a Agressão Sexual na década de 1980 e tiveram a iniciativa de ir falar com alunos do ensino secundário que assistiam atônitos à palestra. Penso nos meus primos em Bombaim, que tocaram música para mim sem parar, por dias após o estupro, fazendo o melhor possível para abafar aquelas detestáveis vozes dentro da minha cabeça. Penso nos meus muitos amigos e amigas que nunca, em momento algum, me fizeram sentir mal ou estranha ou envergonhada. Eu só quero reunir todo mundo numa exultante festa de amor, e cobri-los de orquídeas e chocolates.

Latisha, assim como Heather, foi criada num ambiente doméstico verbalmente abusivo. Sua mãe vivia bêbada, e Latisha odiava voltar para a casa, que ficava numa região urbana perigosa. Ela foi estuprada duas vezes. Na primeira vez, um colega do colegial deu-lhe um tapa no rosto, mandou que ela calasse a boca e a estuprou, além de roubar a corrente de ouro emprestada que ela estava usando. Ela me contou que ficou mais preocupada com a corrente do que com o estupro – que ela conseguiu apagar da cabeça por um bom tempo. O estuprador comentou sobre ela no vestiário da escola e mostrou a corrente aos colegas. Ela demorou 25 anos para admitir a si mesma que ele a havia estuprado. Durante esse tempo, ele acabou sendo morto na prisão, onde cumpria pena por algum outro crime.

Um tempo depois, ela foi estuprada outra vez, num dia em que resolvera não entrar em casa para evitar contato com o namorado da mãe. "Minha mãe bebia", ela me contou. "Eu era uma segunda mãe, cuidava dos meus irmãos. Fazia esse papel desde criança, bem nova. Por causa do abuso verbal, nunca tive qualquer autoestima. Vivia deprimida."

Ninguém é imune ao estupro. Mas cada pessoa tem cartas diferentes na manga, que ou lhe permitem lidar melhor com ele ou tornam essa tarefa ainda mais difícil. Carregar pedras no bolso faz você se afogar mais depressa.

Breve pausa para o tédio

ACABEI DE LER um livro delicioso, intitulado *Mozart's Starling* [O estorninho de Mozart], de Lyanda Lynn Haupt.[87] Ela escreve sobre um pássaro de estimação de Mozart, um estorninho, e sobre como ele se encaixava em sua vida e em sua música, e também sobre Carmen, um estorninho que a própria autora adotou. O livro explora temas sérios, como linguagem, comunicação, inspiração e meio ambiente, mas é uma leitura muito divertida do começo ao fim.

Fiquei morrendo de inveja. *Esse* é o livro que eu gostaria de estar escrevendo hoje. Queria escrever sobre Viena e o canto dos pássaros, e o "Concerto nº 17 para piano em sol maior" de Mozart, e sobre estorninhos pousando na minha cabeça... Arte! Alegria! Vida! É muito mais atraente do que escrever sobre pegar gonorreia de um irmão mais velho, ou sobre o uso do estupro como arma de guerra.

E, no entanto, aqui estamos, num mundo que tem lugar, ao mesmo tempo, para o canto dos pássaros e para a crueldade.

A qualidade da misericórdia

"Você vai morrer, você vai morrer", eu gritava por dentro. "Você vai apodrecer e feder e desabar sobre si mesmo. Deus irá entregá-lo a mim. Seus ossos vão derreter e seu sangue vai pegar fogo. Vou despedaçá-lo e dá-lo de comer aos cães. Como na Bíblia, do jeito que deve ser, Deus irá entregá-lo a mim. Deus irá entregá-lo a mim!"

– Dorothy Allison, *Bastarda da Carolina*

A VINGANÇA É uma ideia tão deliciosa. Quando uma mulher contou à filha do estupro que sofrera havia muitos anos, a filha ficou tão furiosa que queria localizar o homem e matá-lo. Minha mãe, historicamente não violenta, expressava seu desejo de mergulhar os homens que haviam me estuprado em óleo fervente. Uma mulher me escreveu depois do meu artigo de 2013: "Céus, eles deveriam ser apedrejados até a morte por terem feito isso com você".

Quando li o livro de Dorothy Allison há algumas décadas, ele me impactou. Ainda me impacta. A raiva é subestimada na questão de se sentir viva e valorizada de novo. Mas o mesmo ocorre com o perdão, que não tem muito prestígio com pessoas como eu, que tendem a zombar de conceitos religiosos sentimentais e a achar que eles são para os fracos.

Mas quando olho em volta para este mundo perverso, cada vez mais reconheço que entre os verdadeiros heróis estão aqueles que conseguem perdoar – aos outros e a si. Por isso fiquei fascinada com a história de Thordis Elva e Tom Stranger.

Thordis era uma aluna de colegial de 16 anos de idade, islandesa. Tom era um estudante de intercâmbio australiano. Eles vinham tendo um romance adolescente, que terminou de modo repentino na noite em que ele a estuprou. Anos mais tarde, depois de muito trauma e sofrimento, Thordis enviou um e-mail a Tom, sem muita esperança de que ele fosse responder. Ele respondeu, e admitiu o que havia feito e o quanto era atormentado por isso.

Os dois se encontraram no meio do caminho – literalmente. Voaram até a África do Sul e passaram algum tempo resolvendo a questão do estupro. Juntos escreveram um livro, *South of Forgiveness* [Ao sul do perdão],[88] e deram uma palestra no TED em fevereiro de 2017.[89]

A palestra é fascinante. Imagine! Imagine seu estuprador admitindo que o que fez foi estupro, e assumindo a responsabilidade por isso. Nem consigo imaginar. E eu, você e os manuais podem insistir o quanto quiserem dizendo que não importa o que o estuprador pensa, mas ouvir Tom é algo impressionante.

No TED, Thordis disse: "Fui criada num mundo em que se ensina às meninas que elas são estupradas porque sim... Eu rejeitei a verdade, tentando me convencer de que foi sexo, e não estupro".

Tom disse: "Eu mergulhei as memórias bem fundo e amarrei uma pedra nelas... Me agarrei firme à ideia simplista de que eu não era uma pessoa má... Não achava que isso fizesse parte de mim. Esse não era eu."

Do livro deles:

> Tom descreveu que ele se sentiu merecedor do meu corpo naquela noite, sem qualquer preocupação comigo, e consequentemente se convenceu de que o que havia feito era sexo, e não estupro. Os nove anos seguintes foram marcados por negação, e dentro dessa negação ele fez o melhor possível para superar o passado, até que eu o confrontei com um e-mail crucial que mudou nossas vidas para sempre.

Na época em que Thordis fez as pazes com o que havia acontecido, Tom já havia voltado à outra extremidade do globo, longe da autoridade do sistema judiciário da Islândia. De qualquer modo, 70% dos casos de estupro na Islândia eram desconsiderados, mesmo quando havia provas físicas – que Thordis não tinha.

Thordis e Tom sustentam que a essência da sua história não é o perdão, mas a responsabilidade. Eles colocam o foco na responsabilidade de quem cometeu o ato, e na importância de voltamos nosso olhar nessa direção, e não na da vítima.

Quero ser muito cuidadosa aqui, como eles sem dúvida foram ao escrever e reescrever seu livro. Quando digo que é fascinante, não estou dizendo que Tom é fascinante. É fascinante que ele tenha admitido, mas ele na realidade fez o que precisava fazer para viver bem consigo mesmo. Ele ainda será para sempre um homem que cometeu estupro, que deliberadamente agrediu alguém de quem ele gostava. Mesmo assim, eu respeito pessoas que conseguem evoluir, que conseguem se enfrentar, e por isso tiro o chapéu para ele.

Mas principalmente tiro o chapéu para ela. E, quando assisti ao vídeo do TED, tive uma emoção surpreendente: fiquei com inveja. Inveja por ela ter tido a coragem de encarar exatamente o que havia acontecido e de felizmente ter sido capaz de elaborar isso com quem o causou.

Qual seria a terrível vingança que eu gostaria de infligir àqueles quatro homens se pudesse tê-los de novo na minha frente? Acho que ia querer o que Thordis teve: a oportunidade de conversar. Provavelmente seria um fracasso espetacular. Não acredito que eles tenham evoluído e minha expectativa não é de que eles tenham entendido que fizeram algo errado. Tinham muita certeza de que estavam me dando o que achavam que eu merecia.

Mas gostaria de ouvir isso da boca deles. Ia querer saber muitas coisas. Talvez não devesse me importar com isso, mas me importo. Eles realmente falavam a sério quando diziam que iam me matar se eu contasse a alguém, ou eu simplesmente vivi anos com medo a troco de nada? Sabiam por onde eu andava? Sentiam-se bem consigo mesmos? Chegaram alguma vez a pensar naquele dia depois que passou?

E quando fosse minha vez de falar, como eu ficaria satisfeita em poder esfregar o que escrevi na cara deles, dizer-lhes o quanto estavam errados, explicar que eu prosperei e que nem por um momento aprendi a lição que eles tentaram tão brutalmente me ensinar.

Não existe um caminho "certo" para a cura. Digo que se alguém a violentou e você quer seguir a linha da

Dorothy Allison, então o despedace e dê de comer aos cães – eu não vou tentar detê-la. Se quiser bater nele até que vire polenta, ou se quiser colar a foto dele em todos os postes da cidade ou colocar nos fóruns da internet, se quiser envenenar o jardim dele, cagar na porta de entrada da casa dele, lançar-lhe uma maldição realmente criativa, destruir sua reputação, arruinar sua vida... Vá em frente, minha irmã. O perdão, ao que parece, é apenas uma opção poderosa a ser levada em conta.

"O perdão é a única saída, eu digo a mim mesma, porque, independentemente de ele merecer ou não meu perdão, eu mereço ter paz", declarou Thordis durante a palestra no TED.

A colaboração entre Thordis e Tom foi recebida com raiva e desprezo por algumas pessoas. Quando ambos falaram juntos no Royal Festival Hall em Londres, manifestantes se reuniram do lado de fora do prédio protestando com cartazes. Gritavam "Há um estuprador no prédio! Expulsem o estuprador!". Um homem tuitou: "É desrespeitoso com as sobreviventes e não vivemos numa cultura em que os estupradores precisem ser humanizados".

Eu discordo. Acho que temos que começar a humanizar os estupradores, não para minimizar suas ações, mas para encarar o fato de que os estupradores *são* humanos. Isso torna o crime pior, e não mais brando. Humanos têm escolha, e o estupro é uma escolha – uma escolha horrível.

Não entendo os protestos. O que temos aqui é um estuprador que diz: "Eu estuprei". Isso é notável. Quando até mesmo as mulheres que foram estupradas têm dificuldades para chamar isso pelo nome que tem, quais são as chances de que um homem que tenha estuprado a namorada assuma o que fez?

Não tenho nem um pouco de pena de Tom Stranger. Fico contente em ver as pessoas berrando com ele. Ele optou por admitir seu crime, mas fazer isso não alivia a dor que causou. Eu também espero que muitos homens ouçam os manifestantes. Tenho total certeza de que ele não era o único estuprador no edifício naquele dia, e fico muito satisfeita em pensar que devia haver homens no prédio, ou na plateia, sentindo uma ponta de desconforto enquanto talvez relembrassem o dia em que cometeram uma agressão sexual, sem que nunca admitirem isso a ninguém.

Existe algo ao mesmo tempo assustador e estimulante num homem, um homem comum, que diz: "Eu estuprei". É assustador porque desmente a teoria do estuprador "monstro", que coloca os criminosos na categoria de "diferentes". Não consigo sequer colocar à distância os homens que me estupraram, que pareciam monstruosos e se comportavam como tais, que eram de uma classe social diferente da minha, que preenchiam praticamente todos os requisitos de selvagens chapados no alto de uma montanha semeando o caos, e que provavelmente encontravam suas famílias ao voltar para casa, tinham pais aos quais obedeciam ou não, sonhos que alimentavam ou não, pequenas vaidades e delírios. Eram apenas garotos. Comportando-se como garotos. Isso é que é assustador.

Mas é também estimulante porque, se o monstro é como nós, o monstro é capaz de aprender e crescer. Mesmo que a grande maioria dos homens que estupra tenha orgulho disso ou negue tê-lo feito, aqui estava um consciente e arrependido do que havia feito. Isso é alguma coisa, um pequeno fio de possibilidade.

Tenho notado uma curiosa desconexão nas reações das pessoas ao estupro. Em termos globais, costumam coexistir duas atitudes completamente diferentes. Uma delas sustenta que foi só um estupro e que não está no mesmo patamar dos crimes "graves". A outra é abertamente violenta. Enforque, queime, castre o cara. Não posso falar por outras mulheres, mas, no que me diz respeito, as reações raivosas que vi nos homens ao meu redor eram difíceis e intimidantes. Quando vi um homem dizer que iria bater neles até virarem polenta, senti náuseas. Depois do que eu acabara de passar, não queria pensar em nenhum tipo de violência contra quem quer que fosse, nunca mais. As palavras dele me fizeram sentir tão ameaçada e objetificada quanto os estupradores haviam me feito sentir. Porque, de novo, eram homens me usando para conseguir algo. Eu não queria ser parte daquilo. Meu pai, que nunca disse uma palavra a respeito de vingança, mas que, em vez disso, foi me acordar todas as manhãs com um leve toque no meu rosto, contribuiu muito mais para me fazer sentir segura.

Mais de 250 garotas acusaram o médico esportivo Larry Nassar de agressão sexual.[90] Elas haviam confiado nele, e foram retribuídas com traição numa escala espetacular. Foi extremamente gratificante assistir ao vivo uma mulher atrás da outra encarando-o no tribunal e dizendo o que traziam no coração: "Você se aproveitou da minha inocência e da minha confiança. Era o meu médico. Por quê?". Nassar respondeu escrevendo uma carta à juíza, na qual declarou: "Não há no inferno fúria que se iguale à de uma mulher desprezada". Não há dúvida de que ele é um canalha asqueroso, que merece passar o resto da vida na miséria. Mas eu, *mesmo assim*, não me identifico com as pessoas que disseram nos registros que ele merecia ser estuprado na prisão. Se o estupro é sempre injusto, então mesmo Larry Nassar não merece ser estuprado.

Na palestra do TED, quando se discutia o quanto era importante compreender que as vítimas são pessoas e que os estupradores também, Thordis disse: "Como iremos compreender o que produz a violência nas sociedades se nos recusarmos a reconhecer a humanidade daqueles que a cometem? E será que conseguiremos empoderar os sobreviventes se fizermos os outros se sentirem 'inferiores'? Como podemos discutir soluções a uma das maiores ameaças à vida das mulheres e crianças ao redor do mundo, se as próprias palavras que usamos fazem parte do problema?".

Seu estupro é pior do que o meu

Nada promove mais a alienação do que ter uma história particular. Pelo menos isso era o que eu pensava. Agora, eu sei: Toda dor é igual. Mudam apenas os detalhes.

— Kevin Powers, *Os pássaros amarelos*

ESTOU AQUI SENTADA num subúrbio de Mumbai com Kalki Koechlin, e ela me conta sobre o abuso sexual que sofreu quando criança. Fico passada com o que ouço.

Agradeço a ela por ter me contado sua história, e digo que não consigo imaginar como foi que conseguiu avançar tanto em seu esforço para reelaborá-la. Não consigo nem conceber o quanto deve ter sido terrível.

"Eu não imagino passar pela *sua* experiência!", diz ela. "É difícil pensar em algo pior."

A cena tem um toque de maluquice: duas mulheres adultas, cada uma insistindo que a outra é que merece o troféu de Pior Estupro.

Será que um estupro pode ser pior do que outro? É uma questão ridícula. Por que insistimos em fazer um ranking da agressão sexual? As sobreviventes fazem isso, e é algo que contribui para o nosso descrédito. Lembro de uma vez em que participava de um grupo de apoio e fiquei pensando que o "meu" estupro não era tão ruim quanto o daquelas outras pobres vítimas.

Por mais histórias e vítimas de que eu tenha tido notícia, sempre fico chocada como se fosse a primeira vez. Sempre soa muito terrível. A "minha" história sempre parece mais fácil de lidar.

Não tenho muita certeza quanto à razão que nos leva a fazer isso. É um fenômeno estranho, e já o presenciei muitas vezes. Na minha experiência, é algo individual. Quando colocados num grupo, nós humanos costumamos ficar ansiosos para reivindicar o papel de vítimas. A "vitimização coletiva"[91] está bem documentada. Mas, quando se trata de sentar numa sala, numa tarde de agosto, e conversar sobre estupro com outra sobrevivente, sempre fico chocada e arrasada, e convencida de que a outra pessoa sofreu mais do que eu. Talvez haja algum mecanismo de defesa operando. Se alguém está em condição pior, de repente aquilo com que você lida parece não ser tão ruim. Claro, nem sempre funciona – depois que tive dois abortos espontâneos e um homem me contou que a esposa dele havia tido seis, minha vontade era enfiar a cabeça numa panela de pressão e derretê-la. Mas às vezes funciona.

Não estou totalmente convencida dessa minha teoria do mecanismo de defesa. Sei o quanto foi ruim meu estupro, mas o das outras pessoas ainda me parece pior. Não acho que é porque eu queira minimizar minha história. É porque a minha história eu já *conheço*. Eu conheço, e isso vai além das poucas sentenças que escrevi a respeito, ou das palavras que venho usando para descrevê-lo a tantas outras pessoas ao longo dos anos. Eu conheço os detalhes (embora a essa altura tudo já tenha ficado meio nebuloso – um efeito colateral muito maravilhoso do tempo). Sei o que eles fizeram e sei o que senti e o quanto foi ruim. Mas sei que consegui superar. Quando você experimenta algo diretamente, sabe suas cores e seus cheiros e conhece todo o horror de mãos arrancando seus sapatos. Mas conhece também os limites da sua dor e do seu sofrimento. Não precisa tentar imaginar. E é mais fácil lidar com a realidade, por mais dura que seja, do que com um horror desconhecido. Nunca estive na posição de Kalki, então como poderia saber se teria sobrevivido ou não? Eu *sei* que sobrevivi ao que aconteceu comigo. Não importa o quanto tenha sido ruim, aqui estou eu. Aqui está o East River, correndo lá fora da minha janela. Aqui está essa tigela cheia de sementes de romã de um vermelho intenso, maravilhoso. Aqui está um pequeno porquinho de plástico que ganhei do meu marido no nosso primeiro encontro. Aqui está meu irmão de terno e gravata, olhando sério para mim numa foto que sempre me impacta por alguma razão. Aqui estou eu. Não importa o que aconteceu, aqui estou eu.

Seja qual for a razão, essas classificações dos estupros são um bom exemplo do pensamento mágico que envolve o assunto. Parece que não importa o quanto você seja racional, quando se trata das grandes questões da vida – morte, dor, nascimento, amor – rapidamente recorremos a feitiços, cantos e poções mágicas. E se não funcionar?

Pouco tempo antes de me informar sobre as estatísticas sobre estupro, eu imaginava estar segura, isto é, como já havia acontecido comigo, eu podia me considerar livre. Estava fora do páreo – ou seja, já passei por isso, já sei como é. Isso era um grande conforto, até que me dei conta de que evidentemente eu também estava no páreo – um estuprador não sai por aí perguntando às suas vítimas se já foram estupradas ou não. Michelle Hattingh escreveu sua tese sobre estupro em seu país natal, África do Sul. Na manhã em que a defendeu, ela mencionara que uma mulher sul-africana tem maior probabilidade de ser estuprada do que de aprender a ler. E tinha razão. Naquela noite, foi comemorar seu sucesso – e foi estuprada na praia, perto do local da festa.

Hattingh escreveu um livro[92] sobre sua experiência. Fico imaginando se ela, enquanto trabalhava na sua tese, não teve um pouco de pensamento mágico, achando que o fato de escrever sobre estupro a tornaria imune. Não tenho como saber o que ela estava pensando, mas eu também escrevi sobre estupro, tanto na monografia de graduação quanto na dissertação de mestrado. Sei que uma parte de mim acreditava, e ainda acredita, que, pelo simples fato de conhecer o assunto, de tê-lo equacionado, isso não poderia acontecer comigo de novo.

Ou que, se aconteceu comigo, então não pode acontecer com minha filha. Esse é um exemplo extremo de pensamento mágico. Todos sabemos que em última instância somos incapazes de proteger nossos filhos, mas nunca paramos de fingir que podemos. É difícil demais deixar de fazer isso. Ter filhos aproxima você da realidade de que existe algo de fato muito pior do que qualquer coisa que tenha acontecido com você – que alguém agrida essa pequena e magnífica pessoa que depende de seus cuidados.

Embora estabelecer uma classificação da dor e do sofrimento não tenha nenhum propósito útil, acabamos fazendo isso. E, sem dúvida, os estupros se encaixam em algumas categorias – ter sido presa por chefes de guerrilha e sofrer estupro coletivo durante vários anos não cabe na mesma prateleira do que ser estuprada por um estranho no seu bairro e ter condições de ir direto a um hospital. Isso é verdade. Mas você não consegue prever se uma mulher conseguirá elaborar isso direito na sua cabeça. Uma sobrevivente de estupro marital tem condições de construir uma nova vida mais rapidamente do que uma sobrevivente de incesto? A jovem queniana de uma fazenda de flores, estuprada pelo capataz, encontrará paz antes da mulher branca de 65 anos cujo agressor invadiu seu apartamento para estuprá-la?

É muito delicado chegar a esse equilíbrio: reconhecer que o estupro é absolutamente horroroso e, ao mesmo tempo, afirmar que se trata apenas de uma das muitas coisas horrorosas que existem neste mundo. A advogada e ativista indiana Flavia Agnes, escrevendo sobre estupro marital (e não vou aqui desperdiçar espaço questionando se o estupro marital existe ou não; vamos encarar a realidade) tem a seguinte abordagem:

> Não acredito que se deva colocar o estupro num pedestal na hierarquia dos crimes cometidos dentro do casamento. Para uma mulher que está enfrentando violência doméstica, tanto faz, em termos de violação, se ela tem seu crânio fraturado, sua espinha quebrada, sua córnea ferida, seu fígado arrebentado ou sua vagina penetrada à força. A objeção que as mulheres fazem é à violência envolvida nesses atos.[93]

Talvez tenhamos uma necessidade básica de colocar hierarquia nas coisas. Kevin O'Donnell, abusado sexualmente durante anos por Frank, namorado da sua mãe, fala a vários grupos da sua experiência. Ele comenta a morte da filha, ainda bebê: "Achei que ver a morte da nossa primeira filha, carregar seu corpo de 9 meses de idade até o carro fúnebre que estava ali aguardando e colocá-la dentro de um saco seria a pior coisa que eu poderia ter experimentado na vida... Eu estava errado de novo. Havia algo ainda pior e eu sequer sabia disso na época... Guardar aquele pequeno segredo a respeito do Frank foi pior".

Fiquei chocada por alguns instantes ao ler isso. Depois de passar a vida dizendo a quem quisesse ouvir que o estupro não é a pior coisa que pode acontecer a alguém, ou combatendo uma cultura que chama as vítimas de estupro de "cadáveres vivos", nunca havia passado pela minha cabeça que ele poderia ser pior do que a morte de uma criança. Mas, para o Kevin, foi. Essa é a sua verdade – a verdade *dele*, não aquela em que a sociedade me fez acreditar.

Kevin elaborou isso para mim. "Quando Jenna Rose morreu, eu sabia que era inevitável, e depois do ocorrido eu tinha família e amigos com quem compartilhar a dor e a tristeza. Com o abuso era como passar 25 anos trancado numa cela sem ter ninguém com quem conversar e dividir a dor, a tristeza e a alienação."

No meu caso, a morte do meu pai foi pior do que ser estuprada, embora a suposta regra seja os pais morrerem, e as crianças não. Mas, ao contrário de Kevin, eu não fui abusada durante anos por alguém que deveria cuidar de mim. Talvez o estupro na infância tenha sido pior por ser um ato maligno, já a morte da filha não era algo que estivesse sob controle humano. Talvez... Veja, lá estou eu de novo comparando. Por que perdemos tempo pensando no que poderia ser pior? É um joguinho mental inútil.

Mas tenho uma certeza: o pior estupro é aquele ao qual a pessoa não sobrevive. Jyoti Singh reagiu contra seus agressores, e isso faz dela, com razão, uma heroína. Nunca diria, ou pensaria, que ela deveria ter deitado ali e se submetido ao abuso. Ela poderia ter morrido do mesmo jeito. Minha opinião é que não há um jeito errado de reagir, mas há um resultado que é pior do que os demais: você não ter a chance de levar a vida adiante.

No notável romance Alice Sebold, *Uma vida interrompida*, a protagonista Susie Salmon é estuprada e morta, e o livro é contado do ponto de vista dela. As resenhas falaram muito bem; eu gostei também. Mas havia um problema fatal – a maravilhosa heroína estava *morta*. Não importa o quanto você é guerreira, perspicaz, sábia e inesquecível – se você morreu, você perdeu.

Estupro marital. Incesto. O namorado bêbado, o amigo da família. Para mim, ter sofrido estupro coletivo numa montanha por drogados assassinos em potencial me parece preferível a qualquer dessas opções. É maluco, mas é verdade. Eu consegui deixar a montanha para trás, dizer a mim mesma que aquilo não tinha nada a ver com o meu mundo seguro. Mas todos com quem conversei que foram estuprados por alguém que conheciam ficam horrorizados com a minha história, do mesmo jeito que eu fiquei com a de Kalki. Pensamento mágico. Sei que não faz sentido, mas ainda acho que seu estupro foi pior do que o meu.

Boas moças não...

> *"Diabos!", gritou o médico, "minha mulher esqueceu de trocar os botões do meu colete branco. Ah, mulheres!"*
>
> – Marcel Proust, *Sodoma e Gomorra*, 1921, Parte 2, Cap. 2

POR UM BREVE e sórdido período, fui aluna de colegial em Massachusetts. A maior parte do tempo, ficava mentalmente ausente, mas algumas poucas coisas me marcaram: um menino bonito chamado Bobby, a sala cheia de livros que meu professor de inglês me permitiu acessar e uma reunião na qual assistimos a um curta-metragem sobre como não ser estuprada. Lembro-me de uma parte em que uma voz máscula de locutor nos dizia para correr se nos sentíssemos ameaçadas, mas, se não pudéssemos correr, a melhor maneira de deter um estuprador era ou defecar ou vomitar. Isso ia fazer com que os Garotos Maus desistissem, pois ofenderia suas delicadas sensibilidades.

Meses depois, enquanto eu era imobilizada e tentava sair viva e íntegra, me lembrei desse conselho – o único conselho que eu havia recebido na vida a respeito de estupro. Não sei como é com você que está lendo isto, mas eu, definitivamente, não sou do tipo cujos intestinos relaxam quando me sinto ameaçada. Sou um orgulhoso membro da Equipe da Prisão de Ventre Sob Estresse. Quanto a vomitar, a mesma coisa – eu fecho a garganta, em vez de pôr tudo pra fora. Então me senti um fracasso por não ter sido capaz de fazer as duas coisas que havia sido instruída a fazer.

Retrospectivamente, é provável que tenha sido melhor assim. Os estupradores poderiam ter ficado desconcertados, é verdade, mas poderiam também ter tido mais raiva ainda e decidido nos matar. Mas essa era ainda mais uma outra razão para eu sentir que poderia, de alguma maneira, ter agido melhor, evitando o estupro, quando a verdade é que as únicas pessoas que são de fato responsáveis por evitar o estupro são os estupradores.

Quem é estuprada? Quem nós *achamos* que é estuprada? As garotas que são capazes de cagar e vomitar à vontade estão imunes? E as profissionais do sexo? Mesmo que a gente admita que qualquer um pode ser estuprado, será que há alguém que *mereça* ser estuprado? Quando é que estamos dispostos a chamar o ato de estupro? Quando é que a vítima deixa de ser digna de empatia? Quando bebeu demais, quando já fez sexo com um número específico de homens no passado, quando simplesmente não é uma pessoa legal?

Rida, que foi molestada por um adulto quando era uma criancinha, disse: "Eu sempre usava shortinho. Foi culpa minha então?". "O advogado de defesa disse que houve interesse de ambas as partes", Audrey me contou, explicando por que o processo contra os homens que a haviam estuprado fora rejeitado. "Ele se apoiou no fato de que eu já tinha feito sexo antes."

O #MeToo tomou uma força incrível enquanto eu escrevia este livro, e fico muito feliz em poder dizer que a discussão a respeito de quem é estuprada – ou estuprado – está claramente mudando, pelos menos em algumas sociedades. Espero que chegue logo a mais quartos, salas de reuniões e tribunais. Na mídia, apesar do bombardeio diário de machismo e misoginia, tenho visto representações cada vez mais delicadas de sobreviventes de estupro. *Broadchurch*, uma série de televisão britânica sobre crimes, passou toda uma temporada lidando com um caso de estupro. Na trama, a vítima estava alcoolizada quando foi estuprada, e os policiais a trataram com sensibilidade.

Falar sobre essas coisas é sempre complicado. Falar sobre "prevenção" é complicado; uma vez que sabemos que o problema são os homens estupradores, por que nos preocupar em aconselhar mulheres e meninas sobre prevenção? Se dissermos às nossas filhas (e filhos) como podem fazer para ficarem mais seguras, será que não estaremos dizendo também que se algo acontecer a culpa é delas?

Audrey se debateu com isso durante muito tempo. "Mulheres são humanas", ela diz agora. "Não somos perfeitas, e podemos tomar más decisões. Mas os únicos responsáveis pela agressão sexual são aqueles que escolhem cometê-la."

Uma das minhas colegas no Centro de Emergência ao Estupro de Boston dava aulas de defesa pessoal para mulheres, e por muito tempo me recusei a me inscrever. Achava que, se me inscrevesse para aprender a me defender, estaria dizendo que de algum modo eu era responsável por não ter me defendido da primeira vez. Estaria admitindo que havia sido uma tonta infeliz ali deitada na montanha, permitindo ser estuprada. Que deveria ter dado piruetas por ali com a minha capa esvoaçando ao vento e acertado pontapés no saco de cada um, enfiado minha espada na garganta deles, atirado todos montanha abaixo, cuspido na lâmina da minha espada para limpar o sangue e marchado, por fim, triunfante a caminho de casa, sem um fio de cabelo fora do lugar.

    Acabei fazendo as aulas, dizendo a mim mesma que aprender a me defender em determinadas situações não significava que dependia de mim não ser estuprada. Mas é complicado – como é que vou dizer à minha filha que ela tem que se manter o mais segura possível e ao mesmo tempo criá-la como uma feminista que sabe exatamente até onde vai sua responsabilidade?

    Queremos ensinar às nossas filhas que elas têm que escrever o próprio destino, mas o que acontece quando elas insistem em assumir a responsabilidade pelas coisas ruins que acontecem a elas? A filha adolescente de uns amigos da nossa família viu-se envolvida com um pedófilo, que a persuadiu a posar nua para ele, e então vendeu as fotos dela na internet. Ele está preso agora, e ela ficou com raiva dos pais, insistindo que foi *ela* que o seduziu, e que ele não merecia estar preso. Tinha 12 anos de idade quando o conheceu.

    Em setembro de 2017, a *Vice* publicou um ensaio fotográfico[94] com mulheres mais velhas tendo aulas de defesa pessoal em Korogocho e Kibera, duas favelas de Nairóbi, no Quênia. O estupro é uma epidemia naquelas comunidades, e as mulheres mais velhas são um alvo particular. As fotos são inspiradoras – mulheres nos seus cinquenta, sessenta e setenta anos praticando chutes e socos, poderosas com suas rugas e seus cabelos brancos e tudo. Acho ótimo, e adoro imaginar um jovem valentão levando um chute no saco de uma senhora enfurecida. Mas há sempre aquela parte de mim que questiona por que elas precisam disso. E o que adianta um chute bem dado se você tiver que enfrentar um bando armado? Por que não, em vez disso, dar cursos aos garotos sobre não estuprar?

E por que não as duas coisas? Existe, sim, um curso para os meninos – é o Your Moment of Truth [A sua hora da verdade], e a ONG Ujamaa Africa o ministra nessas mesmas favelas. Os meninos têm informações sobre consentimento e sobre como se posicionar em relação à violência contra as mulheres.

Em última instância, digo sim a qualquer coisa que eleva sua confiança e faça você se sentir forte. Se minha filha quisesse ter aulas de defesa pessoal para diminuir suas chances de ser atacada, eu a matricularia, mas também despejaria um longo discurso, intricado, confuso, sobre como ela deve confiar no seu instinto quando estiver em situações perigosas, sem se deixar levar por uma voz dentro dela que lhe diga para cagar ou vomitar ou dar chutes. E aí faria outro discurso sobre como os cursos de defesa pessoal são excelentes, mas que não é ela a responsável por evitar um estupro – os homens é que são. E depois... Bem, depois veria minha filha revirando os olhos e dizendo: "*Amma*, para com isso, vai!".

Como pais, a maioria de nós quer ensinar aos filhos respeito – por eles mesmos, pelos outros. Queremos ensiná-los a se defender, a defender outras pessoas, a defender o que é justo. Não podemos fazer isso sozinhos, precisamos do apoio da comunidade, da academia, das instituições que regulam nosso mundo. E às vezes obtemos ajuda dos lugares mais inesperados.

Fui criada em Bombaim e frequentei escola de freiras, o que era bem comum para uma menina muçulmana para quem desejavam uma boa educação. As freiras eram muito severas. Decidiram-se a ampliar nosso conhecimento e também o comprimento das saias do nosso uniforme. Também davam muita atenção à nossa moral e à nossa reputação. Eu adorava as freiras. Elas nos falavam sobre integridade e disciplina, e essas lições ficaram gravadas em mim. No entanto, apesar de sua ajuda no sentido de criar garotas fortes, suas políticas de gênero eram muito suspeitas.

Éramos obrigadas a assistir a aulas de "ciência moral", nas quais aprendíamos como nos comportar. Aprendíamos o quanto os Meninos eram horríveis. Meninos deviam ser evitados a todo custo, especialmente depois que nos tornávamos mulheres, conforme explicado num pequeno livreto sobre menstruação. Não consigo me lembrar de nada desse livreto exceto da capa muito atraente, toda brilhante e colorida. (Naquele tempo, tudo na Índia era publicado em papel-jornal barato, e aquele livreto que vinha do exterior com uma bela foto de uma garota branca de rabo de cavalo era hipnótico. Guardei-o durante anos – acho até que fiquei um pouco apaixonada pela menina de rabo de cavalo.) A freira que dava a aula de ciência moral dizia em termos inequívocos que socializar com Meninos seria a nossa ruína. Devíamos evitar os Meninos a todo custo. Na realidade, se por acaso nos vissem fora da escola na companhia de um Menino, qualquer Menino, seríamos expulsas, sumariamente.

A mensagem era clara: se qualquer coisa inconveniente por ventura acontecesse com alguma de nós nas mãos de um Menino, seria culpa nossa. Fim da lição.

Kasia Urbaniak não é freira. Suas botas de couro com salto plataforma são totalmente diferentes de qualquer coisa que as freiras do Convento de Loreto tenham usado na vida (pelo menos na nossa presença). Li sobre ela no noticiário. Trabalhou como *dominatrix* por dezessete anos e hoje dá oficinas para mulheres. Ela as ensina a ser assertivas em situações desconfortáveis com homens, seja o rapaz que pressupõe que você vai lhe preparar um café, seja o cara que a encurrala atrás da mesa ao final do expediente. Ela aprimorou suas técnicas durante os anos de trabalho num calabouço sadomasoquista, quando teve que aprender a superar "o momento em que a voz some, do bloqueio neuromuscular",[95] que todas nós conhecemos tão bem, quando, de repente, nos colocam num beco sem saída.

Penso nas minhas queridas freiras do Convento Loreto, e depois na ex-profissional do sexo de Nova York, com seu chicotinho. Se tivesse que mandar minha filha ou minhas sobrinhas a uma das duas para aprender sobre igualdade sexual e comportamento correto, escolheria a *dominatrix*.

Uau! Escrevi isso mesmo. Espero que não me mandem para o inferno. Perdão, Madre Úrsula.

Sim, é preocupante. Quem a gente acha que é estuprada?

Em seu manuscrito, Yasmin El-Rifae descreve uma cena em que uma mulher vítima de agressão sexual por uma multidão teve que se submeter a um teste de virgindade, sancionado pela polícia e por advogados:

> "Não entendo", diz Sarah. "Que sentido faz para eles aplicarem um teste de virgindade como este?"
>
> "Acho que, para eles, qualquer resultado é bom", diz T. "Se encontram um hímen, então podem concluir que não aconteceu nada sob a vigilância deles."
>
> "E, caso contrário, também será útil, porque quem não é mais virgem não pode ter sido estuprada, certo?", diz Sarah.

Ah, é aí que está o obstáculo, como diria Hamlet!* Ainda insistimos em achar que, no caso de algumas mulheres, não podemos dizer que foram estupradas. Especialmente as "vagabundas". Se uma "vagabunda" é estuprada, isso não se encaixa na nossa narrativa de vítima, então é melhor ignorar. Ou dizer que é sexo.

Conheci algumas profissionais do sexo na área rural de Sangli, Maharashtra, núcleo produtor de cúrcuma, cana-de-açúcar e, acima de tudo, de HIV. Quase todos ali – homens, mulheres, pessoas trans, gays, héteros, bissexuais – tinham várias histórias de estupro. Estuprado coletivamente por onze amigos de seu amante num terraço de hotel; atacada por mais de uma dúzia de rivais políticos do seu irmão numa floresta; estuprada por policiais em troca de ser solta da prisão e conseguir algum dinheiro para os seus filhos... "A polícia diz: você não pode ter sido estuprada, porque faz sexo o dia inteiro", uma mulher me contou. Quanto aos homens, alega-se de tudo contra eles. De qualquer modo, o sexo gay é ilegal na Índia e, além disso, a lei indiana só reconhece estupro de mulheres cis: mulheres designadas como sendo do gênero feminino ao nascer.

Meena Seshu da Sangram é uma das coautoras de "The Right(s) Evidence" [A evidência correta/dos direitos],[96] um estudo de 2015 sobre profissionais do sexo (mulheres e homens cis e pessoas transgênero) na Ásia, que trata, entre outras coisas, da violência sexual em suas vidas. Entrevistei-a

---

* Alusão à fala de Hamlet no célebre monólogo "Ser ou não ser" da peça homônima de Shakespeare, Ato III, Cena 1, quando diz: "*To sleep, perchance to dream – ay, there's the rub*" ("Dormir, talvez sonhar, ah, é aí que está o obstáculo"). [N.T.]

para a minha coluna na *Mint*,* na expectativa de destacar alguns dos fascinantes achados da pesquisa. Em vez disso, a história principal foi a reação global, ou melhor, a falta de reação, o "absoluto e total silêncio":

> "Foi lançado em Bangcoc – ninguém escreveu nada a respeito. Foi lançado em Myanmar – ninguém escreveu nada a respeito. A ONU distribuiu – ninguém escreveu nada a respeito. A mídia compareceu a todos os eventos. Pessoas da televisão, e jornais – eles entrevistaram pessoas como os entrevistadores do estudo, todos profissionais do sexo. E depois ninguém escreveu nada." [...] No lançamento em Myanmar, houve uma excelente divulgação na imprensa, profissionais do sexo e outros especialistas estavam disponíveis para narrar histórias, e ninguém escreveu uma linha. "Do que é que eles têm tanto medo?", pergunta-se Seshu.[97]

Kiran vestia uma blusa verde cintilante fabulosa no dia que passamos juntas. Ela me levou a Gokulnagar, onde ela e outras profissionais do sexo moram e trabalham em casas coloridas, dispostas em fileira, tendo atrás um terreno baldio. Era uma manhã tranquila, com crianças correndo por ali, cheiros de comida e de limpeza, mulheres reunidas em torno de um recém-nascido que dormia. O bebê era tão lindo que peguei minha câmera para bater uma foto, mas fui repreendida. Dá azar tirar fotos de bebês quando estão de olhos fechados.

Kiran é de uma família hindu de alta casta, de uma vila bem distante daqui. Sua família de origem tem laços políticos,

---

* A *Mint Magazine* é uma revista de cultura publicada por alunos da Universidade de Stanford. [N.T.]

é bem relacionada e influente. O irmão dela era o *sarpanch* local, chefe do *panchayat*, o governo da vila. Ele se envolveu numa disputa política, e seus rivais sequestraram Kiran, com 15 anos na época, colocaram-na num carro, levaram-na para uma floresta e a estupraram. Eles a estupraram, chutaram, urinaram nela: "Foi muito horrível, muito horrível". Ela ainda tem cicatrizes nas costas, nos lugares em que espinhos perfuraram sua carne. Eles a deixaram ali e fugiram. Ela levantou e sabia que se voltasse para casa seria ou assassinada ou induzida a se suicidar pela própria família.

Certamente, ninguém ia querer se casar com ela. Nunca mais voltou para casa. Saiu andando na direção oposta. Agora trabalha com sexo para ganhar a vida. Seus filhos estão crescidos e vão indo bem. Ela tem vários amantes e está satisfeita com sua vida. Não aceita desaforo de ninguém.

As profissionais do sexo de sua aldeia ficam indignadas com quem sente pena delas ou quer "salvá-las". Enquanto eu estava em Gokulnagar, um carro do governo chegou com dois homens. Um era oficial de polícia, o outro era uma autoridade do judiciário. Buscavam informações sobre uma profissional do sexo que haviam detido algumas semanas antes, alertados por uma delação do Freedom Firm, um grupo antiescravidão que, com apoio de religiosos norte-americanos, dedica-se a "resgatar" mulheres, prendê-las, separá-las de seus filhos e geralmente fazer vista grossa a quaisquer nuances que permitam diferenciar o tráfico efetivo da realização de um trabalho sexual por opção.

O tráfico envolve mentiras, coerção, compra e venda de pessoas – para o sexo ou para uma variedade de outras coisas. Trabalhar com sexo é escolher vender sexo por dinheiro como a melhor opção disponível a você.

Melissa Ditmore[98] tem pesquisado tráfico de pessoas em vários países e é especialista em fazer essa distinção. "Tráfico de pessoas", ela me contou, "envolve, de modo inerente, força, fraude ou coerção, em qualquer setor de trabalho, e tem sido documentado nos setores de pesca, agricultura, tarefas domésticas e em muitos outros. As vítimas de tráfico são pessoas de todas as idades e todos os gêneros. O trabalho com sexo é em primeiro lugar uma atividade geradora de renda, na qual paga-se por serviços sexuais como prostituição, *striptease* e pornografia. Trabalhadores do sexo negociam o que vão fazer, quanto vai custar e recusam-se a trabalhar com pessoas com as quais não queiram interagir. Pessoas traficadas nos comércios sexuais tipicamente não têm essas opções, mas muitas pessoas traficadas para a prostituição voltam a trabalhar com sexo depois que escapam das situações de tráfico, porque o trabalho sexual pode render mais do que outras opções disponíveis.

"Quando o trabalho sexual é confundido com o tráfico, poucas vítimas são socorridas, porque os trabalhos em que o tráfico é mais comum são negligenciados quando os esforços antitráfico se concentram no comércio sexual. Profissionais do sexo sofrem a maior parte do impacto das batidas policiais, mas as mulheres traficadas nos comércios sexuais têm me relatado que chegam a ser detidas até dez vezes, sem que sejam identificadas como vítimas de tráfico pelas autoridades legais.

"Não se considera que menores de idade são capazes de consentir participar de comércios sexuais... Todas as situações de prostituição que envolvem alguém menor de 18 anos são definidas como tráfico."

Organizações "antitráfico" saem para resgatar menores traficados e sexualmente explorados, mas, não sabendo discriminar nuances e não tendo o respeito básico, com frequência "resgatam" profissionais do sexo adultas, separam-nas dos filhos e as colocam em situações de maior vulnerabilidade ao eliminar seu meio de subsistência e deixá-las sob a jurisdição da polícia.[99] Seu zelo missionário consiste em aplicar um fino verniz de honradez para encobrir seu fervente desdém pelas mulheres. Seus "resgates" com excessiva frequência deixam de fora as reais vítimas do tráfico. Igualar todo o tipo de trabalho sexual a estupro não favorece a ninguém.

Sangeeta perguntou: "Quem faz as leis? Alguém por acaso nos perguntou alguma coisa? Eles nos rotulam de *bechaare* (patéticas). Por que eles não vão atrás dos que são realmente *bechaare*?".

Sangeeta é uma profissional do sexo de segunda geração. Ela teria preferido fazer outra coisa, mas não conseguiu concluir a escola, porque sofria abuso por ser filha de uma profissional do sexo. Seu professor ameaçou queimá-la viva, e ela abandonou a escola e virou profissional do sexo aos 12 anos. Ela vive com os filhos e a irmã. Diz que se sente mais segura trabalhando nos quartos do andar de cima da sua casa, do que saindo para visitar clientes. "Se um cliente me chama para outro lugar e de repente me aparece com quatro ou cinco homens, isso é estupro. *Jaan bhi to bachaani hai.* Eu preciso salvar minha vida." Isso já aconteceu com ela. Agora, porém, que faz parte da irmandade Sangram, ela e as demais profissionais do sexo cuidam umas das outras. Elas até se reuniram para dar um jeito num homem que costumava assediá-las. "Ele ficava xingando, cuspindo, chutando as mulheres que passavam. Nós o amarramos, pusemos pó de pimenta nos olhos dele e lhe demos uma boa surra. Parou de nos atormentar."

Essas mulheres não são "boas" pelos padrões da sociedade, mas são poderosas. Talvez isso seja parte do que as torna amedrontadoras.

Esposas indianas devem entrar no casamento como virgens inocentes. Elas existem para o prazer dos homens, não pelo delas. Ouvi uma história de uma mulher que se deixou levar pela excitação enquanto fazia sexo com o marido. Em seu arrebatamento e sua paixão, subiu em cima dele. Ele a abandonou no dia seguinte, dizendo que o fato de ela gostar de sexo com tal intensidade indicava que era experiente e "estragada".

Admitir que mulheres de todos os tipos são estupradas por todo tipo de homem talvez mexa demais com a cômoda narrativa, aquela que prega que só há estupro quando a vítima é uma boa moça. Ah, mas essa narrativa também diz que as boas moças são as que *não* foram estupradas. Essas duas coisas não podem ser ambas verdadeiras, e as profissionais do sexo não são boas moças, portanto, como podem ser estupradas? E se são estupradas, são humanas e foram agredidas, e não podemos tolerar isso, então fazemos o quê? Apenas fechamos os olhos para que talvez toda essa coisa confusa vá embora?

O que faz de alguém uma "boa" moça? Em geral, ser boa moça significa ser dócil, passiva, aceitar seu fardo sem questionar. Então, nesse caso, espero que venha uma nova geração composta só de moças más, que ouçam apenas a si mesmas e sigam o que diz seu coração. E que se levantem e montem em cima de seus amantes com total desinibição.

As profissionais do sexo que conheci não são um exemplo típico. Elas estão organizadas. Profissionais do sexo ao redor do mundo têm de suportar abusos, opressões e explorações terríveis. Essas mulheres e esses homens têm também suportado uma opressão que facilmente poderia acabar com qualquer ser humano. Casar cedo demais, apanhar constantemente, sofrer violência e humilhações, e sem que ninguém, incluindo a própria pessoa, tenha alguma fé de que pudessem viver como seres humanos providos de valor e merecimento. Essas pessoas sobrevivem a tudo isso, e, de alguma maneira, ao se unirem, passaram a acreditar no próprio valor e merecimento. Conseguiram algo que é muito raro até entre mulheres mais privilegiadas: ter algum poder e controle das próprias ações em relação ao sexo.

Meena expressou isso bem: "As ideias do patriarcado estão gravadas em ouro e pedra. As profissionais do sexo deram uma surra nessas ideias".

Quando você pode arrumar ou largar amantes à vontade, quando pode se recusar a fazer sexo porque o homem que está pagando se recusa a usar camisinha, quando sabe que se alguém começa a ficar muito violento é só bater na parede e meia dúzia de mulheres virão ajudá-la, quando pode se permitir ter prazer, você tem maior controle sobre o sexo do que muitas mulheres casadas que vivem em meio ao luxo. É algo que vai contra o senso comum, mas é verdade: mulheres na camada mais baixa da sociedade, aquelas que de fato são menosprezadas e sufocadas, de algum modo conseguiram, com esforço, conquistar um espaço, onde podem respirar e que inclui liberação sexual, apesar de sua contínua vulnerabilidade ao estupro. Não são elas que têm que pagar o valor de mercado a profissionais do sexo para obter satisfação sexual. Não precisam ocultar seu desejo sexual e suas fantasias. Não precisam ser "boas" moças.

Mas elas – assim como as moças do convento, ou as mulheres que saem para frequentar casas noturnas, ou como as avós de Nairóbi ou as pessoas trans que se exibem sob os postes – estão presas à mesma narrativa, a que se recusa a reconhecer que, não importa quem você seja, se alguém forçar você a fazer sexo, *isso é estupro*. A narrativa que diz: boas moças não são estupradas; e moças más não podem ser estupradas. Tanto num caso como no outro, os infames Meninos das freiras são isentados da culpa. Criamos uma narrativa que diz que ou isso não aconteceu com você, ou então você mereceu que tivesse acontecido.

Prevenção de estupro para iniciantes

PARA QUEM ACHA que se sentiria mais bem preparado se houvesse uma fórmula de prevenção ao estupro, ofereço a minha:

- Fique em casa; evite estranhos.
- Saia; evite a família.
- Mostre-se feroz.
- Mostre-se dócil.
- Seja assertiva.
- Seja delicada.
- Sorria.
- Não sorria.
- Seja amistosa.
- Não seja amistosa.
- Seja forte.
- Seja serena.
- Seja jovem.

- Seja velha.
- Tranque sua vagina.
- Tranque seus filhos.
- Tranque seus pensamentos.
- Desarme-se.
- Desapareça.
- Morra.

Meninos...

O juiz etc. disse que eles eram homens normais, então como poderiam ser criminosos? Mas se homens normais roubassem alguém, eles seriam criminosos!

— Audrey

Homens, se vocês se dizem feministas, então trepem como feministas.

— Samantha Bee

QUEM ESTUPRA? Assim como é possível que tenhamos ideias fixas sobre as vítimas, podemos tê-las também sobre os autores do crime.

Todos os homens são capazes de estuprar? Se olho para minha vida, não consigo aceitar isso. Eis o que um homem disse quando lhe perguntei se achava que podia se imaginar estuprando alguém: "Quanto a mim, eu diria que não", respondeu. "Há um nível de empatia que tornaria isso impossível para mim." Acreditei nele.

Eu consigo imaginar assassinato, mas não estupro. Assassinato é pior do que estupro, eu sei, mas há muitas razões para cometê-lo. Se eu estivesse num estado de raiva descontrolada, se alguém estivesse ameaçando me ferir ou ferir alguém, se matar uma pessoa fosse o único jeito de evitar uma catástrofe terrível... Eu sei, este parágrafo é muito bizarro. Mas pense nisso – não há *razão razoável* para estuprar. Você faz isso explicitamente para causar dano, ou porque quer sexo e não entende ou não se importa com o fato de a outra pessoa não querer.

Existe homicídio justificável (por exemplo, se você mata alguém para interromper um estupro), mas será que existe estupro justificável? É concebível que alguém tenha que recorrer a estuprar uma pessoa para evitar outro crime? As únicas pessoas que justificam o estupro abertamente são aquelas que fazem parte de certas sociedades que nutrem um ódio explícito pelas mulheres, considerando-as meros objetos.

Já que falamos nisso, vamos tratar da objetificação. Nos meus dias de clareza e retidão como aluna de colegial, acreditava sinceramente na sabedoria feminista convencional, que diz que os homens objetificam as mulheres a fim de estuprá-las. A lógica funciona assim: se você nega a humanidade de uma pessoa, pode abusar dela.

Mas talvez seja sua própria humanidade que você precise negar. Ou pelo menos o lado positivo da sua própria humanidade. Crueldade e sadismo também são muito humanos.

Os cientistas sociais Alan Fiske e Tage Rai vêm estudando as motivações morais da violência.[100] O estupro tem um componente (distorcido) de valor. Você valoriza mais suas necessidades que as de sua vítima. Você quer dar uma lição a alguém. Quer se sentir poderoso. Sente que merece humilhar alguém. Todos esses valores e emoções aplicam-se apenas a outras pessoas. Não costumamos sentir necessidade de humilhar objetos. É precisamente pelo fato de que o outro é um ser humano que se importa como você irá tratá-lo. Paul Bloom escreveu na *The New Yorker* sobre a análise de Fiske e Tage:

> Em muitos casos, a violência não é uma solução a sangue-frio para um problema nem uma falha de inibição; acima de tudo, ela não implica uma cegueira às considerações morais. Ao contrário, a moralidade é com frequência uma força motivadora... A violência moral, seja refletida nas sanções legais, na matança de soldados inimigos na guerra ou na punição de alguém por uma transgressão ética, é motivada pelo reconhecimento de que sua vítima é um agente moral, alguém plenamente humano.[101]

Os homens que me estupraram tinham muita clareza de que estavam com raiva de mim. Não me peça para explicar por quê, e eles não estão disponíveis para comentar isso. Sei apenas que estavam com raiva. Eu não tinha o direito de sair com um garoto, disseram. Iriam me ensinar uma lição. Isso é o que acontece com meninas más. Em momento algum fui apenas um objeto. Na pior das hipóteses, era uma puta que precisava ser posta no devido lugar. Na melhor das hipóteses, era uma tonta que precisava aprender uma lição. Mas, definitivamente, eu era uma *pessoa*.

Fiquei durante aquele suplício todo tagarelando como um periquito desvairado, tentando fazer com que tivessem alguma misericórdia. Falei sobre mim e sobre a minha vida, e tentei fazer com que me vissem como merecedora de compaixão – e não adiantou nada. Eu era uma garota perversa, sem noção, e tinha que aprender uma lição. Mas uma coisa, sim, teve efeito – quando comecei a falar *deles*. "Somos todos irmãos e irmãs", saí dizendo. "Vocês são meus irmãos." Isso enfureceu os caras. Eles não queriam ser lembrados da própria humanidade.

Essa é apenas uma história. Mas acho que vale a pena considerar a ideia de que outros estupradores têm visões igualmente distorcidas de si e de suas vítimas.

Audrey, a jovem britânica que sofreu estupro coletivo na Itália, me contou que um de seus estupradores disse em seu depoimento à polícia que não precisava estuprar para arrumar mulheres; era tão naturalmente atraente que tinha mulheres aos montes atrás dele. Na sua cabeça, aquilo nem sequer era estupro. Ela estava apenas ali deitada, claramente à vontade com aquilo, então qual era o problema?

Temos um longo caminho a percorrer quando nem sequer entramos em acordo a respeito do que é estupro. Audrey disse também que o juiz do seu caso tomou o partido dos estupradores. "O juiz e o promotor pareciam compartilhar essa opinião em certa medida – que o estupro era algo que apenas doidos de verdade pulando de detrás de um arbusto fazem, ou fracassados que não conseguem sexo de nenhum outro jeito; não era algo que jovens de boa aparência, bem-vestidos, precisassem usar como recurso. Acho que hoje eu responderia que o estupro, na realidade, não tem a ver primordialmente com atração sexual ou com fazer sexo. No caso específico de uma ação em grupo, há uma dinâmica diferente em atuação, que é mais sobre humilhar e tratar a mulher como inferior... Pelo menos, é essa a conclusão a que cheguei."

Vejamos o caso do estupro em Stanford. O aluno de graduação Brock Turner agrediu sexualmente uma mulher alcoolizada e a deixou inconsciente. Uma amiga dele escreveu uma carta ao juiz, dizendo: "Quando será que iremos estabelecer um limite e parar com essa preocupação em sermos politicamente corretos todos os segundos do dia, e enxergarmos que o estupro nas universidades nem sempre ocorre porque os homens são estupradores?".

Estupro nas universidades ocorre sempre porque existem estupradores. Nós é que simplesmente não gostamos de encarar a incômoda verdade de que um estuprador é apenas um cara, um cara qualquer, que decide estuprar.

"Será que alguém gosta de estuprar?", Kalki Koechlin quis saber quando tentávamos entender tudo isso. "O que será que acontece?"

A culpa é do patriarcado, diz a escritora bell hooks.

A culpa é das mulheres sedutoras, diz a polícia de costumes iraniana.

A culpa é da bebida, diz o Estudo sobre Agressão Sexual em Universidades, preparado para o Instituto Nacional de Justiça dos Estados Unidos.[102] A mulher estuprada por Brock Turner, o aluno de Stanford que recebeu uma sentença ridiculamente leve por seu crime (do Juiz Aaron Persky, do Superior Tribunal do Condado de Santa Clara, que dois anos mais tarde foi afastado do cargo), escreveu uma carta incisiva para ser lida na corte. Ela falou sobre bebida:

> Álcool não é desculpa. Ele é um fator? Sim. Mas não foi o álcool que me arrancou a roupa, bolinou, arrastou minha cabeça pelo chão enquanto eu estava quase totalmente nua. Ter bebido demais foi um erro amador da minha parte, eu reconheço, mas não é crime. Todo mundo nesta sala teve uma noite da qual se arrependeu depois por ter bebido demais, ou conhece alguém próximo que viveu essa situação. Arrepender-se de ter bebido não é a mesma

coisa que se arrepender de uma agressão sexual. Nós dois estávamos bêbados; a diferença é que eu não arranquei suas calças, sua cueca, toquei-o de maneira imprópria e fui embora. É essa a diferença.[103]

O pai de Brock Turner também escreveu ao juiz uma carta sobre seu filho. É uma prova devastadora da cultura do estupro:

> Agora ele mal se alimenta, come apenas para continuar existindo. Esses vereditos serviram para derrubá-lo e destruí-lo, a ele e à nossa família, de várias maneiras. Não terá mais a vida que sonhou e que trabalhou tanto para conquistar. É um preço alto a pagar por vinte minutos dos seus vinte e poucos anos de vida.

Alguns estupradores têm autorização para tomar o que quiserem. Tiveram vidas terríveis, cheias de abuso e desespero. Como declarou um amigo que foi estuprado por um homem perturbado: "Você tem um monte de merda até o pescoço – isso começa a afetá-lo". Não é desculpa, é uma realidade, como ocorre com testemunhas de abuso doméstico que depois crescem e batem em seus parceiros. Mas também há homens que tiveram vidas perfeitamente saudáveis, íntegras, e cometem estupro do mesmo jeito. E esses? Ou então os homens que abusam de seu poder, como os que citei de Washington e Hollywood, cujos pênis passaram tempo demais fora das calças de seus donos.

Está na hora de descartar uma ideia estúpida – a ideia de que os homens não têm como parar, que há um ponto sem volta depois que você está sexualmente excitado. Estamos aqui falando sobre a mulher ter a responsabilidade sob suas ações, mas os homens também têm responsabilidade.

Rapaz, me diga uma coisa: se você está no meio de uma boa trepada, está de fato envolvido, e de repente sua avó entra no quarto e olha pra você por cima dos óculos, você acha que vai parar ou continuar?

O estupro é como um passatempo para homens de todos os tipos. Em Goa, são os *godmen* ["gurus religiosos"].[104] Na Dinamarca, os *daddies*. Professores na Tanzânia. Namorados na Grã-Bretanha. Instrutores de esqui na Suíça. Padres em Praga.

Isso não necessariamente contradiz meu ponto de vista anterior sobre estupradores que se desumanizam. A violência tem muitas motivações. Há o estupro para danos (você quer causar dor) e há o estupro casual (você quer sexo).

Quando você olha em volta e vê o panorama todo, é difícil sentir uma aversão incondicional por todos os abusadores. Eles são de uma humanidade exasperante. Pouquíssimos têm olhos saltados, injetados de sangue, babando sem controle e quinze cabeças. Um terapeuta contou-me de um caso do qual tratou, de um menino de 14 anos de idade que havia estuprado uma garota autista de 12. "Todo mundo na clínica considerava o rapaz um monstro, e ninguém quis pegar o caso." O terapeuta se perguntou como iria lidar com esse adolescente perturbado. "E, então, esse garoto doce entrou na sala." Ele mesmo havia sofrido terrível abuso sexual e havia sido brutalizado a vida toda, e estava "fazendo a única coisa que sabia".

É interessante examinar as razões pelas quais os homens fazem isso, mas a partir de certo ponto perco o interesse de examinar esses estágios não evoluídos de interação humana. Não quero saber das motivações dos estupradores. Eles simplesmente têm que parar com isso. Se o problema é que eles têm algo dentro de si pré-programado ou se é porque o papai não brincava com eles, ou por frustração sexual, ou porque podem ou justamente por não terem permissão para fazê-lo, se são normais ou anormais, o que importa? Eles têm simplesmente que parar com o que uma babá superespecializada chamou uma vez de "comportamento de terceira classe".

Mas infelizmente temos, sim, que perder tempo para tentar compreender, se quisermos acabar com isso. Portanto, concordo: não dá para falar sobre estupro sem falar das razões pelas quais os homens estupram.

Breve pausa
para o terror

ESTOU CAMINHANDO PELA praia ao pôr do sol. Mesmo que estivesse de olhos vendados, ainda saberia voltar para casa, de tão bem que conheço o contorno desse trecho. Como quase todos os meus primos, ando por aqui desde antes de ter nascido. É o nosso verdadeiro lar. Neste momento, estou sozinha e feliz. O sol está se pondo e a cena não perde nem um pouco de sua beleza por ser um perfeito clichê – o mar, o sol se pondo, a lua quase cheia erguendo-se gloriosa por trás dos pinheiros, periquitos cantando à distância. Passo os olhos pela linha das árvores e vejo um homem cortando lenha, nada demais.

Minutos mais tarde, dou uma olhadela para trás. Ele ainda está ali, uma figura bem menor agora, e não consigo mais ouvir seu machado. Está tudo tranquilo e lembro a mim mesma que estou fazendo uma serena caminhada ao anoitecer. Ele provavelmente nem me notou. Continuo andando.

Não há nenhuma razão para olhar de novo para trás, mas de repente me vejo fazendo isso. Hmm... Ele não está mais lá. Deve ter ido para casa. Eu não preciso olhar de novo para trás. Continuo andando.

Depois que terminou meu suplício, os homens que haviam me estuprado e machucado a mim e ao meu amigo também nos escoltaram montanha abaixo. Pode soar maluco, mas eles se ofereceram para fazer isso e nós aceitamos – estávamos machucados e perdidos demais para encontrar o caminho sozinhos no escuro. Ao chegarmos à estrada de terra, eles nos deixaram ir embora, mas ficaram nos seguindo por um bom tempo. Essa talvez tenha sido a parte mais assustadora de tudo aquilo. Eu tinha certeza de que eles estavam apenas se divertindo conosco, e que uma hora iam avançar e acabar com a gente. Durante anos depois disso, era insuportável ouvir passos atrás de mim, ou simplesmente pensar que poderia haver alguém ali. Isso é um tremendo inconveniente se você mora em Bombaim ou Nova York. Mas esses dias já ficaram distantes, e agora estou ótima. Estou ótima, estou ótima, estou *ótima*.

Dou mais uma olhada. Agora o sol já se pôs e tudo está ficando mais escuro. Será que alguma coisa se mexeu entre as árvores? Por que ninguém mais da família saiu para andar?

A praia está perfeitamente tranquila e linda. A lua vai navegando enigmaticamente. Imagino aquele homem me espreitando desde a linha das árvores, quieto, acompanhando meus passos e calculando o melhor momento de aparecer, vir correndo pela praia, pular em cima de mim e arruinar minha vida.

Raios, não vou estragar minha caminhada. Não vai acontecer nada. Seria uma estupidez apertar o passo agora e ceder à paranoia. Muito estúpido me render a uma loucura traiçoeira como essa.

Acelero o passo.

Começo a dar uma corridinha. Reviro os olhos, não acredito no que estou fazendo. Quase caí, tomada de repente por uma onda de puro terror. Ela me tomou com uma ferocidade quase física. O mundo inteiro vibra de modo ameaçador. As árvores amigas agora são monstros, o mar é um ácido roxo e a luz um holofote implacável que vai revelar minha presença não importa aonde eu vá. Corro feito maluca e só paro quando vejo as luzes da casa de uma das minhas tias, logo adiante.

Então paro de correr e sigo andando naturalmente até chegar em casa. A lua está gloriosa outra vez, e a noite voltou a ficar suave e adorável.

A catástrofe completa

*Queria escrever sobre a morte, só que a
vida como sempre veio se intrometer.*

———

– Virginia Woolf, registro em seu
diário, 17 de fevereiro de 1922

QUANDO EU TINHA 13 anos, meu irmão mais novo e eu fizemos uma viagem durante a qual alguém nos deu dois grandes ovos de grou indiano. Trouxemos os ovos para casa e demos de presente ao nosso pai, com a esperança de que ele mandasse incubá-los. Ele fez isso. A grou que sobreviveu, Haty, viveu anos conosco. Desde o primeiro dia em que ela emergiu como uma bola dourada de penugem, apegou-se ao meu pai. Era o pai dela, seu parceiro, seu tudo. Quando ficou adulta e quase do nosso tamanho, Haty e ele gritavam e chamavam um ao outro, e corriam para cima e para baixo pelo jardim, batendo as asas, numa louca simulação da dança do acasalamento.

O que é que essa história está fazendo num livro sobre estupro? Não ficou óbvio? Ela reflete a loucura e a magia do mundo, a possibilidade de entendimento entre espécies; então, por que não dentro da própria espécie? Ela mostra a possibilidade de conexão, bondade, amor sem lógica.

Quando Manassah Bradley entra numa sala para dar uma palestra, costuma começar dizendo: "Oi, eu sou Manassah. Eu fui estuprado e estou feliz. Não que esteja feliz por ter sido estuprado, mas estou feliz".

Ele me explicou que é muito importante para ele fazer isso. Viveu anos na dor, abriu mão de ter filhos porque sentia que não estava íntegro o suficiente, gastou milhares de dólares com terapia, e agora sua vida é boa.

"Quando você ouve as pessoas falando de estupro, elas dizem 'Ah, meu Deus, a vida dele foi arruinada'", ele me contou. "Quem é que quer ouvir coisas desse tipo?"

Sei exatamente o que ele quer dizer. Todo mundo paga um preço, mas nem todos conseguem sair do outro lado com alguma alegria.

A vida nos enaltece, e a vida nos agride. Algumas pessoas são destruídas pelo estupro; a maioria, não. Elas conseguem superar, seguir em frente, vestindo com muita dignidade um véu de amargurada altivez. Mas não precisaria ser assim. E elas com certeza não precisariam percorrer esse caminho sozinhas.

Minha mãe não queria que eu aceitasse um emprego como terapeuta emergencial em casos de estupro quando terminei a faculdade. "Tudo menos isso!", ela disse, preocupada, achando que eu poderia entrar em depressão depois de ter conseguido deixar essa experiência para trás. Aceitei o emprego mesmo assim, e uma das melhores coisas daqueles anos no Centro de Mulheres foi a minha mãe. A gente aguardava com ansiedade suas visitas. Ela chegava de carro à tarde, depois do trabalho, e subia os degraus de madeira azuis, o tricô numa mão, um bolo inglês na outra. Ela se acomodava no sofá, enquanto vítimas de estupro ligavam, mulheres espancadas apareciam, o telefone tocava com um problema atrás do outro, e o gato demente de olhos furiosos subia e descia os degraus da escada. Ela só ficava ali, sentada, tricotando. Estava ali, uma testemunha tranquila. Impossível expressar o quanto isso significava para cada uma de nós – alguém que trazia bolo e sentava-se ali, tricotando implacável, em meio a todos aqueles medos, horrores e alienação. Era a nossa testemunha.

Zorba, o Grego, chamava a totalidade da vida de "a catástrofe completa". Grous dançantes, época de mangas, amor, música, lua nascendo no horizonte, deterioração, violência – tudo, a catástrofe completa. O estupro é parte disso. Mas não posso, não vou aceitar que ele seja inevitável. O estupro é uma escolha. O estuprador decide estuprar. O resto de nós decide como irá reagir. Não me importa se sou uma sonhadora maluca, mas acho que um mundo sem estupro é possível.

O manuscrito de Yasmin El-Rifae[105] tem uma descrição de membros do grupo de intervenção do Cairo conversando com pessoas na multidão da Praça Tahrir. Eles sabem que estão falando com potenciais abusadores sexuais e com pessoas que podem não se dispor a ajudar, mesmo que não sejam estupradores. A tática do grupo era pressupor que as pessoas, em última instância, querem ajudar, e não agredir. A seguir, uma entrevista com Adam, um dos membros desse grupo:

> **Você se lembra quando foi que percebeu isso?**
> Sempre soubemos que as pessoas podiam ser ou contra ou a favor.
>
> **Foi pelo fato de as próprias mulheres terem dito que as pessoas às vezes mudavam de ideia durante os ataques?**
> As pessoas simplesmente enlouquecem, são incentivadas pelos outros. Mas elas também querem ser boas pessoas, ter outro status social. Você quer ser um abusador ou quer

ser um herói? Então a gente encorajava as pessoas a serem heróis, conversava com elas com muita calma, de maneira bem próxima, falando baixinho no ouvido. Sem nunca atiçar aquela sensação de perigo e de histeria gritando ou criando pânico. Procurávamos ser uma brigada bem tranquila, para permitir que as pessoas voltassem a si com toques bem sutis.

Você achou difícil fazer isso, manter-se como uma presença pacífica?
Você faz isso pagando um preço, sem dúvida, porque interiormente está fervendo e está com medo. Mas só é possível neutralizar a loucura e a histeria sendo o exato oposto. Fica uma coisa quase bizarra, tipo, quem é esse bloco de gelo no meio dessa fogueira, entende? É o contraste que faz efeito.

É como uma performance.
Isso, exatamente. É uma encenação.

Exceto que você está num palco dos mais aterradores.
É como você cochichar no ouvido de alguém no meio de um concerto de death metal, falando sobre Platão.

É difícil dar este salto de fé, acreditar que alguém vai preferir pensar em Platão no meio de um concerto de death metal; fazer a escolha de acreditar no amor com um grou; preferir ajudar em vez de agredir. É especialmente difícil quando a história não nos dá sustentação: a história de nossa espécie é uma história de estupro e violação, seja individualmente, seja em grupo. É difícil acreditar na humanidade inerente das pessoas quando você pode ir a uma loja na Índia e comprar um vídeo de estupro por cem rúpias.

A propósito, é um vídeo de um estupro real, não é uma simulação. No norte da Índia, alguns o apelidaram de "vídeo local" ou "vídeo de sexo do WhatsApp".[106] Você pode ir a um mercadinho e comprar um vídeo desses por uma ninharia. Os homens estupram mulheres, filmam seu ato, e então vendem os vídeos.

Gostaria de dizer que tenho fé na natureza humana. A natureza humana é feita de bondade e de generosidade, compaixão e respeito. Mas a natureza humana também é vil e cruel, egoísta e arrogante. Estive intimamente envolvida com todos esses aspectos da natureza humana, e não tenho uma resposta sobre o que realmente somos. O que sei, de fato, é que fazemos escolhas sobre como tratar uns aos outros, e com excessiva frequência a escolha é violar, destruir em vez de construir. O estupro vem de algum instinto primitivo, ou é uma consequência inevitável da maneira como aprendemos a nos relacionar? Será que algum dia vamos conseguir compreender isso, juntos? Não importa qual seja a resposta, com certeza não vamos encontrá-la se não conversarmos uns com os outros.

Num mundo tão cheio de ruído, é fácil ignorar o silêncio em torno do estupro. É mais fácil falar em estatísticas e convicções moralistas, em vez de tentar encarar questões de impunidade e de memórias imprevisíveis e justificativas sem sentido; de vergonha e culpa e do enfado de um trauma que continua, continua e continua. Dos bizarros paradoxos que não se consegue categorizar facilmente. Espero que todas as vozes deste livro, de Ramallah a Copenhague, de Mumbai a Porto Elizabeth, ajudem a acabar com parte desse silêncio, lançando um pouco de luz escuridão.

Estupro. Redenção. A catástrofe completa.

Notas

INTRODUÇÃO

1 www.slate.com/blogs/the_slatest/2016/10/07/donald_trump_2005_tape_i_grab_women_by_the_pussy.html
2 https://transequality.org/sites/default/files/docs/usts/USTS-Executive-Summary-Dec17.pdf

QUEM SOU EU PARA FALAR?

3 www.youtube.com/watch?v=c6sxzOpHQrY
4 www.nytimes.com/2013/01/08/opinion/after-being-raped-i-was-wounded-my-honor-wasnt.html

CALE A BOCA SENÃO VOCÊ MORRE, PUTINHA MALUCA

5 Departamento de Justiça, Programas do Escritório de Justiça, Gabinete de Estatísticas. *National Crime Victimization Survey (2010–2014)*, 2015.
6 http://journals.sagepub.com/doi/10.1177/1077801210 387749
7 SLEPIAN, M. L.; CHUN, J. S.; MASON, M. F. The Experience of Secrecy. *Journal of Personality and Social Psychology*, v. 113, n. 1, p. 1-33, 2007. Disponível em: http://psycnet.apa.org/record/ 2017-20428-001
8 BEARD, Mary. *Women & Power: A Manifesto*. Londres: Profile Books, 2017.
9 www.bbc.com/news/entertainment-arts-41594672
10 http://news.bbc.co.uk/2/hi/africa/8650112.stm
11 www.panzifoundation.org/panzi-hospital

[12] www.theguardian.com/world/2016/aug/03/kavumu-village-39-young-girls-raped-justice-drc
[13] www.alternet.org/human-rights/how-one-american-journalist-took-down-militiamen-who-raped-50-young-girls

TOTALMENTE DIFERENTE, EXATAMENTE IGUAL

[14] www.dissentmagazine.org/article/breaking-cage-india-feminism-sexual-violence-public-space
[15] www.scribd.com/document/121920147/Justice-J-S-Verma-committee-report-on-sexual-assault
[16] www.bbc.com/news/magazine-38796457
[17] www.amnestyusa.org/issues/death-penalty/death-penalty-facts
[18] www.livemint.com/Leisure/NvPjEMDihrmOiL7XAjl6MP/Why-the-Delhi-sentence-is-too-much-and-too-little.html
[19] www.washingtonpost.com/local/social-issues/calls-to-rape-crisis-centers-are-surging-amid-the-outpouring-of-sexual-assault-allegations/2017/11/22
[20] https://people.com/archive/no-town-without-pity-a-divided-new-bedford-seeks-justice-in-a-brutal-gang-rape-case-vol-21-no-10
[21] www.justice.gov/ovw/tribal-affairs
[22] www.stuff.co.nz/national/21913/Abuse-of-Maori-women-shocking
[23] www.aihw.gov.au/reports/domestic-violence/family-domestic-sexual-violence-in-australia-2018/contents/summary
[24] www.ncdsv.org/images/SexAssaultandPeoplewithDisabilities.pdf
[25] www.nytimes.com/2018/02/04/opinion/metoo-law-legal-system.html?mtrref=www.google.com&assetType=opinion

SIM, NÃO, TALVEZ

[26] www.youtube.com/watch?v=oQbei5JGiT8
[27] www.bbc.com/news/world-us-canada-41699245
[28] SEAGER, Joni. *The Penguin Atlas of Women in the World*, 4· ed. Londres: Penguin Books, 2009. p.58-59.
[29] www.aljazeera.com/indepth/opinion/2017/08/middle-east-roll-repeal-marry-rapist-laws-170822095605552.html
[30] www.bbc.com/news/entertainment-arts-41594672
[31] www.buzzfeed.com/katiejmbaker/meet-the-expert-witness-who-says-sex-in-a-blackout-isnt
[32] www.slate.com/articles/news_and_politics/interrogation/2017/09/in_search_of_a_new_standard_for_sexual_consent_on_campus.html

[33] www.vox.com/first-person/2018/1/19/16907246/sexual-consent-educator-aziz-ansari
[34] www.bustle.com/p/who-is-madhumita-pandey-the-research-student-interviewed-over-100-convicted-rapists-in-india-heres-what-she-learned-2335827
[35] www.vox.com/first-person/2018/1/19/16907246/sexual-consent-educator-aziz-ansari
[36] www.nytimes.com/2017/08/05/us/usc-rape-case-dropped-video-evidence.html

VOCÊ ESPERAVA O QUÊ?

[37] www.alternet.org/news-amp-politics/montana-lawyer-argues-13-year-old-rape-victim-blame-being-temptress
[38] STRONG Island. Direção de Yance Ford. Nova York: Yanceville Films, 2017 (73 min.).
[39] http://mashable.com/2017/09/21/its-on-us-consent-logic-video
[40] www.hrw.org/news/2013/07/03/egypt-epidemic-sexual-violence

AH, POR FAVOR

[41] www.detroitnews.com/story/tech/2018/01/18/msu-presi-dent-told-nassar-complaint-2014/1042071001
www.nbcnews.com/news/us-news/olympic-committee-was-told-2015-suspected-abuse-nassar-n843786
[42] www.mlive.com/news/index.ssf/2018/01/nassar_victim_describes_tellin.html
[43] www.detroitnews.com/story/news/local/michigan/2017/11/22/larry-nassar-sexual-assault-charges/107934168
[44] www.worldcrunch.com/opinion-analysis/full-translation-of-french-anti-metoo-manifesto-signed-by-catherine-deneuve
[45] www.nytimes.com/2018/01/12/opinion/catherine-deneuve-french-feminists.html
[46] www.washingtonpost.com/blogs/compost/wp/2018/01/13/ladies-lets-be-reasonable-about-metoo-or-nothing-will-ever-be-sexy-again
[47] www.washingtonpost.com/blogs/compost/wp/2018/01/13/ladies-lets-be-reasonable-about-metoo-or-nothing-will-ever-be-sexy-again

COMO SALVAR UMA VIDA

[48] www.timeslive.co.za/news/south-africa/2017-10-10-lion-mama-walks-free-after-fatal-stabbing

[49] www.deccanchronicle.com/nation/crime/230917/chandigarhhc-suspends-sentences-of-3-convicts-accuses-girls-promiscuous-attitude.html
[50] www.cnn.com/2017/07/27/asia/pakistan-revenge-rape/index.html
[51] www.nytimes.com/2012/05/10/nyregion/ultra-orthodox-jews-shun-their-own-for-reporting-child-sexual-abuse.html
[52] https://forward.com/news/308681/25-years-later-manny-waks-is-on-a-quest-to-confront-his-abuser/?attribution=tag-article-listing-1-headline
[53] www.nytimes.com/2012/05/10/nyregion/ultra-orthodox-jews-shun-their-own-for-reporting-child-sexual-abuse.html

A VERSÃO OFICIAL

[54] www.rainn.org/statistics/criminal-justice-system
[55] http://news.trust.org/item/20180206171511-j0mac
[56] UNDP. *Editorial Style Guide*, 2014.

SEU AMOR ESTÁ ME MATANDO

[57] https://babe.net/2018/01/13/aziz-ansari-28355
[58] www.jaclynfriedman.com/unscrewed
[59] www.vox.com/first-person/2018/1/19/16907246/sexual-consent-educator-aziz-ansari

BREVE PAUSA PARA O HORROR

[60] www.nytimes.com/2017/07/27/world/middleeast/isis-yazidi-women-rape-iraq-mosul-slavery.html

UMA SACOLA DE DENTADURAS

[61] www.nimh.nih.gov/health/topics/post-traumatic-stress-disorder-TEPT/index.shtml
[62] www.TEPT.va.gov/professional/trauma/other/sexual_assault_against_females.asp
[63] http://zaksdental.com.au
[64] www.bostonglobe.com/metro/2018/02/06/jamaica-tufts-dentists-provide-care-for-rural-communities/vbWDFGnODY0UBI9glyZ5wO/story.html
[65] www.ncbi.nlm.nih.gov/pmc/articles/PMC3096184/#i1524-5012-10-1-38-Little1

⁶⁶ http://nautil.us/blog/when-cancer-treatment-re_traumatizes-survivors-of-sexual-trauma

O HOMEM TEFLON

⁶⁷ www.propublica.org/article/false-rape-accusations-an-unbelievable-story
⁶⁸ http://dynamic.uoregon.edu/jjf/articles/freyd97r.pdf
⁶⁹ www.rollingstone.com/music/news/taylor-swift-talks-groping-trial-sexual-assault-w513445
⁷⁰ https://harpers.org/archive/2018/01/cant-touch-this

AS CHAVES DO REINO

⁷¹ www.nytimes.com/2016/10/08/us/donald-trump-tape-transcript.html
⁷² http://abcnews.go.com/International/silvio-berlusconi-wiretaps-prime-minister-spare-time/story?id=14546921
⁷³ www.pulse.ng/bi/lifestyle/the-15-beautiful-wives-that-king-mswati-iii-has-married-id7546888.html
⁷⁴ www.slate.com/blogs/the_slatest/2016/10/07/donald_trump_2005_tape_i_grab_women_by_the_pussy.html
⁷⁵ http://riceinstitute.org/blog/what-fraction-of-sexual-violence-in-india-is-within-marriages-media-coverage-of-research-by-aashish-gupta
⁷⁶ www.thehindu.com/news/national/criminalising-marital-rape-will-destabilise-marriage-govt-tells-hc/article19581512.ece
⁷⁷ www.rappler.com/nation/politics/elections/2016/129784-viral-video-duterte-joke-australian-woman-rape
⁷⁸ https://zimbabwe-today.com/grace-mugabe-women-who-wear-miniskirts-deserve-to-be-raped-southafrica-zimbabwe-nigeria-robert-mugabe
⁷⁹ http://aids-freeworld.org/Publications-Multimedia/Reports/Electing-to-Rape.aspx?view=web_report

RECOMENDADO: UMA CONVERSA NORMAL

⁸⁰ www.theguardian.com/commentisfree/2013/apr/26/protect-children-talk-rape-desmond-tutu
⁸¹ ENLOE, Cynthia. *The Big Push: Exposing and Challenging the Persistence of Patriarchy*. Oxford: Myriad Editions, 2017. p. 49.
⁸² www.reddit.com/r/MuseumOfReddit/comments/1t1r2z/the_ask_a_rapist_thread

[83] http://answer.rutgers.edu/blog/2015/06/12/sex-education-must-work-to-dismantle-rape-culture

LIBERDADE ROUBADA, ALEGRIA ROUBADA

[84] www.mosac.net/page/285
[85] https://medium.com/skin-stories/when-secrets-turn-into-stories-living-with-TEPT-as-a-young-queer-woman-146f4 9f2a4a5
[86] https://storage.googleapis.com/vera-web-assets/downloads/Publications/overlooked-women-and-jails-report/legacy_downloads/overlooked-women-and-jails-report-updated.pdf

BREVE PAUSA PARA O TÉDIO

[87] HAUPT, Lyanda Lynn. *Mozart's Starling*. Nova York: Little, Brown and Company, 2017.

A QUALIDADE DA MISERICÓRDIA

[88] ELVA, Thordis; STRANGER, Tom. *South of Forgiveness*. Victoria, Australia: Scribe Publications, 2017; Nova York: Skyhorse Publishing, 2017.
[89] www.ted.com/talks/thordis_elva_tom_stranger_our_story_of_rape_and_reconciliation
[90] www.cnn.com/2018/02/05/us/larry-nassar-sentence-eaton/index.html

SEU ESTUPRO É PIOR DO QUE O MEU

[91] DE GUISSMÉ, Laura; LICATA, Laurent. Competition Over Collective Victimhood Recognition: When Perceived Lack of Recognition for Past Victimization is Associated with Negative Attitudes Towards Another Victimized Group. *European Journal of Social Psychology*, n. 47, p. 148-166, 2017. Disponível em: https://doi: 10.1002/ejsp.2244
[92] www.inanna.ca/catalog/im-girl-who-was-raped
[93] www.theweek.in/content/archival/news/india/dont-criminialise-marital-rape-violence-not-just-forcible-sexual-penetra-tion-flavia-agnes.html

BOAS MOÇAS NÃO...

[94] www.vice.com/en_us/article/evvm7e/grandmothers-in-nairobi-are-fighting-off-rapists-with-self-defense-techniques-v24n7

95 www.nytimes.com/2018/01/20/style/confronting-sexual-harassment-dominatrix-training.html
96 www.aidsdatahub.org/sites/default/files/documents/new/Rights-Evidence-Report-2015-final.pdf
97 www.livemint.com/Leisure/pf20TksLBZSZ3jtFR7oLSP/Sex-work-and-violence.html
98 www.melissaditmore.com
99 www.sangram.org/resources/RAIDED-E-Book.pdf

MENINOS...

100 FISKE, Alan Page; RAI, Tage Shakti. *Virtuous Violence: Hurting and Killing to Create, Sustain, End, and Honor Social Relationships.* Cambridge: Cambridge University Press, 2014.
101 www.newyorker.com/magazine/2017/11/27/the-root-of-all-cruelty
102 www.ncjrs.gov/pdffiles1/nij/grants/221153.pdf
103 www.theguardian.com/us-news/2016/jun/06/stanford-sexual-assault-case-victim-impact-statement-in-full
104 www.alternet.org/world/mob-violence-india-will-have-legal-repercussions-once

A CATÁSTROFE COMPLETA

105 www.yasminelrifae.com
106 www.aljazeera.com/indepth/features/2016/10/dark-trade-rape-videos-sale-india-161023124250022.html

Agradecimentos

Obrigada por terem salvado minha vida:
Aalia Abdulali. Shumoon Abdulali. Adil Abdulali. Tirei a sorte grande com vocês três. Tom Unger, super-herói que cozinhou, editou, pesquisou, incentivou, riu, tolerou, compreendeu, trouxe para casa o bacon e as romãs e os gnomos. Samara Unger, semente alada. Geoffrey Alperin. Ráshid Ali. Aziza Tyabji Hydari. Sheila Naharwar. Bishakha Datta. Susan Hamburger. Sophie Molholm. Janet Yassen e as mulheres do Centro de Emergência ao Estupro de Boston.

Obrigada por ajudarem a fazer isso se tornar um livro:
Tive a incrível sorte de contar com editores internacionais, liderados por quatro fantásticas editoras feministas.
Myriad Editions, Reino Unido: Candida Lacey foi quem começou tudo. Ela é um escândalo de maravilhosa: determinada, leal e ridiculamente inteligente. A vida sem a nossa periódica sessão de fofocas por Skype é de fato uma perspectiva deprimente. E obrigada também a você, Linda McQueen, que é para manuscritos o que Michelangelo era para o mármore. Meus agradecimentos também ao restante da equipe: Dawn Sackett, Isobel McLean, Corinne Pearlman, Emma

Dowson, Anna Burtt, Anna Morrison, Louisa Pritchard. Obrigada também a Dan Raymond-Barker e a todos na New Internationalist, parceiros editoriais da Myriad, que acreditaram neste livro desde suas primeiras páginas.

Penguin/Random House Índia: Manasi Subramaniam, obrigada por você ter insistido que este livro precisava escrito.

Penguin/Random House Austrália/Nova Zelândia: Meredith Curnow, obrigada pelas excelentes sugestões e pela incrível sacola alaranjada. Obrigada, Sarah Hayes.

The New Press, Estados Unidos: Ellen Adler, obrigada por ler meu livro com pouca luz no seu celular durante um voo, partir para a ação e ignorar todos os protocolos de publicação. Obrigada Brian Ulicky, Sarah Swong e todos os demais na The New Press pela sua dedicação ao livro. Obrigada também McLean Peña e Daniella Roseman pela sua atenta leitura do manuscrito final.

Também nos Estados Unidos: obrigada por seu entusiasmo e generosidade em divulgar a notícia, Sarah McNally, da McNally Jackson Books, e Angela Baggetta, da Angela Baggetta Communications.

Obrigada por suas contribuições, por sua sabedoria, tempo e sua ajuda na pesquisa:

Yasmin El-Rifae. Irene Metter. Bishakha Datta. Cynthia Enloe. Harlyn Aizley. Kalki Koechlin. Mitali Ayyangar e Médicos sem Fronteiras. Laila Atshan. Meena Seshu e Sangram. Nomawethu Siswana, Jana Zindell e Ubuntu Pathways. Sean Grover. Jaclyn Friedman. Christopher Mario. Siddharth Dube. Sharonne Zaks. Tina Horn. Sami Faltas. Gina Scaramella. Melissa Ditmore. Geeta Misra. Tom Unger de novo. Tom Unger de novo.

Obrigada por terem falado comigo:
As pessoas que generosamente compartilharam suas histórias comigo passaram por um verdadeiro inferno, e a maioria, com determinação e força de espírito, conseguiu se recuperar com méritos e ânimo renovado. Algumas não conseguiram – nem todas as histórias são de triunfo. Gastamos alguns lenços de papel durante as conversas, mas também conseguimos uma vez ou outra dar boas risadas. Foi um grande privilégio passar um tempo com vocês, guerreiras e heroínas. Desejaria poder exibir o nome de todas vocês em luz neon.

Este livro foi composto com tipografia adobe Adobe Garamond Pro
e impresso em papel Off-White 80 g/m² na Assahi.